高中数学教学与核心素养培养探索

孙友福 著

线装书局

图书在版编目（CIP）数据

高中数学教学与核心素养培养探索/孙友福著.--北京：线装书局，2023.9
ISBN 978-7-5120-5678-7

Ⅰ.①高… Ⅱ.①孙… Ⅲ.①中学数学课－教学研究－高中 Ⅳ.①G633.502

中国国家版本馆 CIP 数据核字（2023）第 172240 号

高中数学教学与核心素养培养探索
GAOZHONG SHUXUE JIAOXUE YU HEXIN SUYANG PEIYANG TANSUO

作　　　者：	孙友福
责任编辑：	林　菲
出版发行：	线裝書局
地　　址：	北京市丰台区方庄日月天地大厦 B 座 17 层（100078）
电　　话：	010-58077126（发行部）010-58076938（总编室）
网　　址：	www.zgxzsj.com
经　　销：	新华书店
印　　制：	北京四海锦诚印刷技术有限公司
开　　本：	787mm×1092mm　1/16
印　　张：	10.25
字　　数：	197 千字
版　　次：	2024 年 4 月第 1 版第 1 次印刷
定　　价：	78.00 元

前　言

　　数学对现代文明的发展有着巨大的作用，在生活的各个方面具有广泛的应用。一切科学技术上的发明都必须借助数学的手段来解决相关的问题，数学是解决一切科学问题的工具。数学作为教育教学中的基础学科，在落实和培养学生核心素养方面扮演着重要角色。基于核心素养来组织开展高中数学教学，是贯彻落实"德育为先"方针的根本要求，也是时代和社会发展的必然趋势。

　　为了顺应时代的发展和落实课程改革，数学课程标准提出了数学核心素养，高中阶段是学生认知能力和思维快速发展的关键时期，尤其是抽象逻辑思维的发展对每个高中生来说特别重要。数学核心素养的培养，能够促进学生的全面发展，为学生的终身学习奠定良好的基础。基于以上原因，作者确定了研究的主题，针对高中生从理论和实践两个方面对数学核心素养的培养进行了探究，并希望对高中生数学学科核心素养的培养提出一些参考意见。

　　本书首先阐述了高中数学教学的概念与含义，对高中数学教学结构、新课程标准下数学教学活动进行了解读。其次从高中数学教学模式、高中数学教学方法等方面探讨了不同的教学模式和教学方法的应用及效果，旨在为高中数学教师的教学提供一定的参考。最后从我国数学教学现状出发，深入地探讨了如何在高中数学教学中更好地实现核心素养培养目标，进而探索出核心素养下高中数学高效课堂教学的策略。本书在写作时理论与实际相结合，对当前高中数学核心素养教学有很大的帮助作用，进而优化高中数学课堂教学质量和效率，提升学生的数学核心素养。

　　由于作者学术水平和写作时间有限，虽然在写作过程中不断统稿、修改、研磨，书中难免有纰漏之处，恳请各位读者不吝批评指正。

目 录

第一章　高中数学教学的基本理论 ································ 1

　　第一节　高中数学教学的含义与原则 ···························· 1
　　第二节　高中数学教学结构的优化 ······························ 11
　　第三节　新课程标准下的数学教学 ······························ 15

第二章　高中数学教学模式 ·· 27

　　第一节　高中数学实验探究教学模式 ···························· 27
　　第二节　高中数学课堂互动教学模式 ···························· 31
　　第三节　高中数学"6+2"课堂教学模式 ·························· 40
　　第四节　高中数学教学模式的创新探索 ·························· 50

第三章　高中数学教学方法 ·· 63

　　第一节　高中数学教学方法的重点 ······························ 63
　　第二节　高中数学教学中常见教学方法 ·························· 82

第四章　核心素养视域下的高中数学教学课堂 ······················ 95

　　第一节　高中数学核心素养的概述 ······························ 95
　　第二节　高中数学课堂教学中核心素养的培养途径和方法 ·········· 100

第三节　核心素养理念的高中数学高效课堂建构策略 …………… 111

第五章　高中数学核心素养的培养 ………………………………… 127

第一节　数学抽象能力素养的培养 ……………………………… 127

第二节　数学逻辑推理素养的培养 ……………………………… 133

第三节　数学建模素养能力的培养 ……………………………… 137

第四节　数学直观想象素养能力的培养 ………………………… 144

第五节　数学运算及数据分析能力的培养 ……………………… 149

参考文献 ……………………………………………………………… 156

第一章
高中数学教学的基本理论

第一节 高中数学教学的含义与原则

一、高中数学教学概述

高中数学是很多高中生最头疼的科目，教师有个好的教学方式对学生的学习有着至关重要的作用。但如今教学中依旧存在一些问题，如学生兴趣不高、教学效率不高等。教师要认清教学现状，针对这些问题，教师要采取相应的解决措施，有效提高教学质量。

教育在不断地革新，在改革的途中会面临很多困难，教师要在教学过程中不断反思，看清教学现状，探究有效的教学策略。学校需要培养的应该是人才，对社会有用的人才，教师要跟进时代，进行课改，发现教学存在问题，并拿出解决的措施，不断提高教学质量，让学生有所收获。教师要认清当前课堂教学的现状，并且结合新课改，积极选择解决对策，以激发学生数学学习的兴趣，逐步提高数学课堂的教学效率。

二、高中数学教学的基本原则

高中数学的教学原则是高中数学教师在数学教学过程中实施教学所必须遵循的基本要求和指导原理，是数学教学规律的反映。这里以高中数学学科自身的特点、教学目的、数学教学活动的客观规律和学生学习数学的心理特征等为依据，讨论高中数学教学的一些基本原则。

（一）确定数学教学原则的依据

1. 依据数学学科自身的特点

数学是一门相对独立的科学，它不仅具有一般学科的共同特点，而且具有鲜明的个性特点。作为数学活动结果，数学的结构逻辑严谨，数学的内容形式化抽象，数学的语言精确、简洁、通用；作为数学活动过程，数学则是非严谨的数学思维与严谨的数学思维相结合的产物。数学的逻辑严谨是逐步达到的，数学的抽象又有各种不同层次，并且每一层次的抽象都离不开赖以抽象的具体素材，数学的语言也是逐步达到精确、简洁、通用的。因此，数学教学不只是让学生体验到数学抽象，学会一些抽象的方法，还应该给学生设计各种具体模型，作为相应的数学概念的解释；不能只是要求学生掌握数学的结论（数学知识），还要让学生学会数学思维的方法，培养数学思维能力；更不能只满足数学事实的自然语言的表达，必须不失时机地把它转化为精确、简洁的数学语言。所以数学教学原则应当突出反映这些数学学科本身的特点。

2. 依据数学教学目的

数学教学为教学目的服务，因而教学原则的制定应根据教学目的而确定，这就是数学教学原则的目的性要求。不同时代、不同国家的人对教学目的有不同的要求。另外，教学目的体现了社会经济变化发展的需要。我国新的数学教学目的应突出体现基础性、普及性和发展性，使数学教育面向全体学生，实现"人人学有价值的数学，人人都能获得必需的数学，不同的人在数学上得到不同的发展"。这就要求数学教学原则必须反映数学教学的目的发展变化，体现新时代的要求。

3. 依赖数学教学活动的客观规律

数学教学原则的制定依赖于人类对数学教学规律的客观认识。数学教学原则与教学规律之间既联系密切，又有明显区别。从因果关系来说，教学规律是因，教学原则是果。人们必须探索出客观存在的教学规律，然后才能按照教学规律制定教学活动中必须遵循的准则。俄罗斯教育家巴班斯基在《教学教育过程最优化》一书中，曾把教学规律与教学原则逐条对应地列出来，鲜明地显示了这种因果关系。从从属关系来说，教学原则服从于教学规律的指导。客观存在的教学规律制约、指导着教学原则的制定。教学规律系统地指导着已制定出的各个教学原则，使两者之间有着复杂的指导与被指导的关系。从教学规律与教学原则的共性来说，两者都是主客观的某种结合。事实上，教学规律虽然应是客观的，但人们在认识它时不可避免地会有主观参与作用（例如对教学过程本质的认识有多种理论就是如此），因此实际表述成教学原理又是主客观的某种结合。另外，教学原则虽然是主观制定的，但如果在制定时又正确地依据了对教学规律的客观认识，那么它在某种程度上也是主客观的结合。

4. 依据学生的年龄特点和学习数学的心理规律

教学应该遵循心理规律，应符合学生心智发展的自然顺序，成功的数学教学以对数学学习规律的深刻理解为基础。学生的数学学习活动有其本身的特殊性，数学教育心理学研究认为，学生的数学学习建立在已有数学认知结构的基础上，数学学习应当与学生的数学思维发展水平相适应。此外，关注学生数学学习的情感体验，激发学生数学学习的兴趣等都是数学教学应该考虑的问题。因此，数学教学原则的制定必须考虑学生的心理发展特点和数学学习的规律。

（二）高中数学教学原则

一般而言，数学教学是在基本的数学教学原则指导下进行的。在这里我们主要研究的是：抽象与具体相结合教学原则、归纳与演绎相结合教学原则、严谨性与量力性相结合教学原则、知情统一教学原则、发展性教学原则、寓教于乐教学原则、个性化教学原则、学生参与教学原则、反复渗透教学原则、鼓励创新教学原则和情景性教学原则。

1. 抽象与具体相结合教学原则

高度的抽象性是数学学科有别于其他学科的一大特点。数学的抽象性把客观对象的所有其他特性抛开不管，而只抽象出其空间形式和数量的关系进行研究。数学的抽象有着丰富的层次，它的过程是逐级抽象、逐次提高的，而且还伴随高度的概括性，抽象程度越高，其概括性也越强。

数学的抽象性还表现为广泛而系统地使用了数学符号，具有字词、字义、符号三位一体的特性，这是其他学科所无法比拟的。例如"平行"这个词，其词义是表示空间直线与直线、直线与平面、平面与平面的一种特定位置关系。

当然，数学的抽象性必须以具体素材为基础。任何抽象的数学概念和数学命题，甚至抽象的数学思想和数学方法都有具体、生动的现实原型。

数学的抽象性还有逐级抽象的特点。一个抽象的数学概念，在它形成的过程中，不仅可以具体对象作为基础，也可以一些相对具体的抽象概念作为基础。例如，数、式、函数、映射、关系等就是逐级抽象的。前一级抽象是后一级抽象的直观背景材料，尽管前一级本身就是抽象的。这样，所谓的直观背景材料，不仅是指实物、模型、教具等，而且还指所学过的概念、实例等。数学的这种逐级抽象性反映着数学的系统性。数学教学中充分注意这个特点，就能有效地培养学生的抽象概括能力。

数学的抽象必须以具体的素材为基础，任何抽象的数学概念、命题，甚至数学思想和方法都有具体、生动的现实原型。例如，对应是一个抽象的数学概念，也是一种重要的数学思想，它是以原始人的分配、狩猎或数数的具体活动为现实原型的。即使更高的抽象也不例外，函数是一个高度的抽象概念，它是在常量与变量这两个抽象的概念基础上抽象出来的；但当引入映射时，又作为一种特殊的映射而进一步抽象；再进一步上升到以复数为自变量的函数时，其涉及的具体对象又进一步扩大了。这说明抽象是相对的，以相对的具体作为基础。数学的抽象性不仅以具体性为基础，而且还以广泛的具体性为归宿。检验抽象数学理论是否正确的唯一标准是实践。所以数学中的具体和抽象是相对的，相互区别又互相联系，在一定的条件下又互相转化。由感性的具体到抽象，又由抽象到思维的具体，这是人们认识数学事实的基本认识过程。

在数学教学中，贯彻具体与抽象相结合的原则，应从学生的感知出发，以客观事实为基础，从具体到抽象，逐步形成抽象的数学概念，上升为理论，进行判断和推理，再由抽象到具体，应用理论去指导实践。

一般说来，低年级学生的抽象能力要比高年级差些。抽象能力差主要表现在过分地依赖于具体素材，具体与抽象割裂，不能将抽象结论应用到具体问题中去，对抽象的数学对象之间的关系不易掌握。尽管出现这种现象是有多方面的原因的，然而就数学教学本身而论，主要是没有处理好具体与抽象的关系。

怎样处理好具体与抽象的关系呢？第一，数学概念的阐述，注意从实例引入。通过具体的实物进行直观演示，也可利用图像直观、语言直观等，形成直观形象。第二，对于一般性的数学规律，注意从特例引入。必须指出，直观是从具体上升到抽象的辅助工具，特殊化是认识抽象结论的辅助手段，即使高一级的抽象也往往依赖于较低一级的具体。第三，注意运用有关的理论，解释具体的现象，解决具体的问题。还应明确，从数学教学来说，具体、直观仅是手段，而培养抽象思维的能力才是根本目的。如果不注意培养学生的抽象思维能力，那么就不可能学好数学；相反，若不依赖于具体、直观，则抽象思维能力也难以培养。但如果只停留在感性阶段，那么必然会影响思维能力的进一步发展。只有不断做好具体与抽象相结合，才能使数学学习不断向纵深发展，使认识不断提高和深化。

2. 归纳与演绎相结合教学原则

人们认识活动的一般过程总是由特殊到一般或由一般到特殊，归纳和演绎就是这一认识活动的两种思维方法。数学概念的讲解，定理的证明，解题的思路都离不开它们。所以，归纳和演绎相结合是数学教学的又一基本原则。

归纳是由特殊到一般或由个别到全体的思维方法，它在数学教学中具有一定作用。

归纳和演绎是必须相互联系的。贯彻归纳和演绎相结合的教学原则，第一，必须搞清两者的辩证关系。一般说来，演绎以归纳为基础，归纳为演绎准备条件；归纳以演绎为指导，演绎给归纳提供理论根据。两者互相渗透，互相联系，互相补充。第二，在教学实践中，通常总是将两者结合使用，先由归纳获得猜想，做出假设，通过鉴别，获得结论，再给予演绎证明。第三，必须看到，应用归纳和演绎进行推证，不都是先用不完全归纳法做出设想，然后对此进行演绎证明。有时，需对求证的问题进行分类，再对每一类情况分别地进行演绎证明。只有把各类情况都证明了，命题才能被证明。分类必须完全，又不能重复。有时，用演绎法进行推证，在获得结论时又必须分类归纳，这充分体现了归纳与演绎的相互渗透。

3. 严谨性与量力性相结合教学原则

数学科学是严谨的，高中生认识数学科学又要受量力性原则的制约。因此，在数学教学中，既要体现数学科学的本色，又要符合学生的实际，这就是严谨性与量力性相结合原则对数学教学的总要求。这条原则的实质就是数学教学要兼顾严谨性与量力性这两方面的要求，一方面对数学教学的各个阶段要提出恰当而又明确的目的任务，另一方面要循序渐进地培养学生的逻辑思维能力。

在数学教学中，主要是通过下列的各项要求来贯彻严谨性与量力性相结合的原则。

教学要求应恰当、明确。根据严谨性与量力性相结合原则，妥善处理好科学数学体系与作为高中教育目的数学体系之间的关系。

教学中要逻辑严谨，思路清晰，语言准确。在讲解数学知识时，要有意识地渗透形式逻辑方面的知识，注意培养逻辑思维，学会推理论证。数学中的每一个名词、术语、公式、法则都有精确的含义，学生能否确切地理解它们的含义是能否保证数学教学的科学性的重要标志之一，而学生理解的程度如何又常常反映在他们的语言表达之中。因此，应该要求学生掌握精确语言。为了培养学生语言精确，教师在数学语言上应有较高的素养。

教学中注意由浅入深、由易到难、由已知到未知、由具体到抽象、由特殊到一般地讲解数学知识，要善于激发学生的求知欲，但所涉及的问题不宜太难，不能让学生望而生畏，这样才能取得好的教学效果。

总之，在强调严谨性时，不可忽视学生的可接受性；在强调量力性时，又不可忽视内容的科学性。只有将两者有机地结合起来，才能提高教学质量。

4. 知情统一教学原则

知情统一原则是指在高中数学教学中教师要将教学过程中的认知因素与情感因素按学生已有的知情状况，以相互统一、相互协调的原则作用于学生，关注学生的知情协调发展。知情的相互关系表明，要实现高中数学教学中的情感内容必须在教学过程中实施知情统一原则，不可将二者隔离或孤立地看待。

学生的情感变化很大程度上取决于教师。教师对教育事业的情感、对数学教学的情感、对学生的情感在与学生交流的过程中很有可能会真情流露而影响学生的情感变化。在调查中发现，有些数学上的学生来自教师负面情感的影响，如教师在课堂上忽视学生认知、情感上的差异而讽刺挖苦学生等。教师必须牢记，课堂上面对的是身心发展不成熟的求知的个体，必须以饱满的热情、健康的心态去面对学生，做到爱生乐教。

教师只有做到爱生乐教，才会在教学的各个环节不断钻研，提高学识水平和教学水平，以渊博的学识、高超的教学艺术和手段传道、授业、解惑；才会以愉悦的心态面对学生，真正的主体间的良性交流才会产生。

5. 发展性教学原则

发展性是指教师在教学中要用发展的眼光看待不断发展的学习主体——学生，根据其发展状况组织教学和评价教学。在教学设计中要根据其已认知的水平与经过教师的帮助和自我努力可能达到的水平促使其在取得成功体验的过程中向积极的方向发展。

学生是学习的主体、主动建构知识的主体，其认知与情感水平在相互促进的基础上是不断发展与进步的，并且呈螺旋上升之势。在教学过程中教师要根据学生的认知的对象——数学知识的不断变化、学生的认知、情感水平的不断发展调整自己的教学方法与策略，调整自己的情感与学生相适应。教师要时刻注意发现、分析学生发展过程中出现波折的原因，帮助学生尽快解决相应的问题，要用发展的眼光看待学生，有效地运用发展性原则进行教学。

第一，教师在课前要充分了解学生的心智发展水平，了解产生这些情况的原因，要有尊重学生发展现状和确定教学策略、教学方法的思想准备。

第二，在讲授新的数学内容之前和课堂教学中，应设置与教学内容有紧密联系的、有意义的且富于启发性，既不能太容易，也不能太难，要让学生通过努力后可以解决问题，激发学生的求知欲，使每一个学生处于最佳学习状态，尽量使每一个学生都得到相应的发展。

第三，关键性知识和"突变"性知识的教学要重点关注。

6. 寓教于乐教学原则

寓教于乐是指在高中数学教学中教师要通过实践、模型、变式等方式以及师生间积极的交流活动，将数学学习中认为比较枯燥的概念、定理、公理、证明等知识的学习过程在教师的操纵下转化为学生快乐的、主动的探索与建构过程，使学生达到"乐中学"。教师在教学中操纵各种教学变量，使学生怀着快乐的情绪进行学习。也就是说，使教学在学生乐于接受、乐于学习的状态下进行。

在情感教学中，教师不仅要注意学生学习数学过程中的接受与理解状况，而且要关心学生学习数学过程中的情感状况，努力使学生在快乐、兴趣中学习。这条原则包括两条教学原则：一是要让学生在快乐中学习；二是要让学生在兴趣中学习。

总之，寓教于乐是课堂知识传授渠道的良好润滑剂，教师只有从教学的实际出发，充分挖掘好的教学方法，使每位学生对数学怀有"要学""易学""会学""好学"的积极情感，才能切实体现当前对教育所提出的要求，使教学素质真正得到提高。

7. 个性化教学原则

个性化指学生是个性发展不同的个体，严格地说，有多少个学生，就有多少种不同的个性。多元智能理论告诉我们，学生的心智发展是多元化的，每个学生的心智发展在多元化的各个方面是不平衡的。个性化要求在教学过程中不要强调统一模式，而要在尊重学生个性发展的同时，使其心理朝着相互关联、协调发展的方向努力。学生是具有个性的个体，即使是同一学段的学生个体也会在知情下产生差异，其结果是在数学学习的成绩上产生差异。这一原则要求教师在教学中使具有差异的个体在自己的基础上均有最大的发展，应注意做到如下几点。

（1）教师要设法帮助学生寻找产生个体知情差异的原因。对于成绩较差的学生，教师在设法了解学生个性特征的同时，要设法在教学的各个方面因材施教，给予解决。

（2）教师在教学中，要尊重学生的个性化差异，因为个体不同，产生差异的原因不同。教师要多鼓励、帮助学生，少挖苦、讽刺学生，要以人格的魅力和良好的师德感召和影响学生。

（3）在教学上，通过多层次的设计，使每个学生均在其"最近发展区"取得成功的体验。采取小步伐、多步骤符合学生实际的教学方法，使学生在成功中得到快乐。

（4）教师在教学中应注重让有个性差异的学生进行充分的交流与沟通，而不只是进行分类，使其在交流中互相补充、互相促进、共同发展、缩短差距。尤其应注意的是，个性差异的个体均有其长处和短处，要扬长避短。

8. 学生参与教学原则

数学是一种活动，数学活动教学的基本特征之一是学生作为主体，应该积极地参与获取数学知识的活动过程。这种数学活动观不仅对具体数学知识的教学，而且对数学思想方法的教学都具有重要的指导作用。数学思想方法教学作为数学活动的教学，应重在让学生亲身感受、体会、思索、提炼。教师的提示、讲解和引导固然是重要和必要的，但只有组织学生积极参与教学过程，学生通过自己的内化，才能逐步领悟，形成，掌握数学思想方法。

建构主义的数学教学观则更加强化了上述观点，表明学生是数学认知活动的主体，数学学习是学生在已有知识和经验基础上的建构活动，教师应当成为学生学习活动的促进者等观点。这种建构是一种社会建构，它需要通过师生之间、学生之间的交流，在数学学习共同体内完成。一切高层次的认知能力都源于个体与其他人的交流，并且通过内化的过程得到发展。数学思想方法的学习是一种高层次的学习，它的教学必须要求学生亲身参与，贯彻学生参与原则。下面说明如何在教学中实施学生参与的原则。

（1）创设学生参与的气氛

教师和学生是平等的伙伴关系，是朋友、是教学的合作者，是协同完成同一任务的人，因此课堂上的教师应有轻松自如的表现，从而使学生在宽松的环境中积极敏捷地思维，充分地表现自己。

（2）给每个人提供成功的机会

针对学生的实际，为每个学生，特别是学困生创造成功的机会和条件，让大多数学生都有机会获得优异成绩，用以强化学生学习数学的自信心，促使他们产生可以学好也一定能学好的心理意识。

9. 反复渗透教学原则

渗透性原则是指在具体数学知识（概念、性质、法则、公式、公理、定理以及解题知识的应用）的教学中，一般不直接点明所应用的数学思想方法，而是通过精心设计的教学过程，采用教者有心、学者无意的方式引导学生逐步领会蕴含其中的数学思想方法。

数学思想方法教学贯彻渗透性原则是由数学思想方法本身的特点所决定的。数学思想方法概括性、本质性等特点，还使得它对学习者的心理水平要求较高，学生的知识经验、心理发展都受到年龄特征的影响和限制，不可能将教材具体内容所蕴含的数学思想方法一下子就彻底领悟，只能采取早期渗透、逐步渗透、反复渗透的方法，将数学思想方法的因素与其相关教材内容有机地结合起来，使处于自发状态的隐性思想方法转化为自觉状态。

数学教学必须通过数学知识的教学和适当的解题活动突出数学思想方法。

(1) 渗透数学思想方法是高中数学解题教学的需要

解题是人类最富有特征的一种活动，是学生学习数学的中心环节，是一种实践性技能，是发展数学思维能力、培养良好心理素质的重要手段。正因如此，解题在数学教学中具有重要的地位。但是由于长期以来人们对解题概念的不科学的理解，导致人们认为"解题=解题类型+方法"。这种模式忽视了解题目标、过程的分析，以及解题中数学思维方法的培养，导致学生创造能力下降，缺乏独立开拓的创新意识与本领。

(2) 渗透数学思想方法的教学有利于提高教师的教学水平

只有注意思想方法的分析，才能把数学课讲活、讲懂、讲深。另外，只有数学思想方法与具体数学知识的教学有机结合，并真正渗透其中，才能不断提高教学质量。这就对教师从专业素养、教育理论、能力水平诸方面都提出了更高的要求。

(3) 渗透数学思想方法的教学有利于学生思维品质和能力培养

引导学生领悟和掌握以数学知识为载体的数学思想方法，是使学生提高思维水平，真正懂得数学的价值，建立科学的数学观念，从而发展数学、运用数学的重要保证，也是现代教学思想与传统教学思想的根本区别之一。

10. 鼓励创新教学原则

要让学生积极主动地探索，发现解决数学问题的方法，发现数学的规律。这也是现代教育价值观的一个彻底的转变。如何鼓励学生进行创新学习，培养学生的创新能力，应注意实施以下创新教学策略。

(1) 创设乐学情景，激发创新热情

"知之者不如乐之者，乐之者不如好之者。"热爱是最好的老师。古往今来无数科学家的成长道路已证明了这一点。而培养乐学兴趣则是热爱的先导。所以，教师在教学中要致力于创设学生乐学的教学情境，还应重视和尊重学生的主体地位。只有教师尊重学生，以"以人为本"的理念去建立"民主、平等、和谐"的师生关系，才能激起学生的求知欲、好奇心。学生才能畅所欲言、大胆质疑，才能唤起学生的主体意识、创新意识，也才能使学生的思维纵横驰骋，无拘无束，激起学生的智慧火花和创新热情。

(2) 鼓励猜想、预测，培养创新意识

"学起于思，思源于疑"，要引导学生大胆猜想质疑。调动直觉思维去推测是培养创新能力的前提。猜想不是空想，而是根据已有知识经验对未来的发展方向做出的一种推测，其前提是要敢想。试想，没有猜想怎么会有飞机上天等伟绩。猜想、预测是创新的前提与动力，也是萌发学生思维火种、点燃智慧火花的手段。所以教师一定要注重点燃猜想的火花，创造成功的预感。教学艺术不在于传授，而在于激励、唤醒、鼓励，在这一点上也正是我们教师要努力做到的。猜想、预测是学生创新意识的重要表现，也是学生创新活动的前提，因而我们在教学中应大力倡导。

(3) 营造思维时空，为创新创设时机

"营造思维时间"包含两个方面：一是从时间上营造，这里的时间指教师提出问题不要急于公布答案，要给学生充分考虑的时间。教师要有足够耐心去等待学生智慧火花的点燃，这一点许多老师平时都没有注意到，往往花好长时间编出一个好的题目，结果匆匆收场，不光没有使学生的创新能力得到开发，反而束缚了学生思维能力、创新能力的发展。二是从空间上营造，教师提出的问题要有空间上的跨度即要有纵深感，要注意学生的求异思维、创新能力的发展。要充分调动学生的思维活动，鼓励学生有所创新、有所突破，哪怕只是一点点。所提出的问题要有利于发展学生的创新能力，这当然不是指那些难、繁、偏、旧的题目。教师要经常设计一些开放性的、有利于培养求异思维的练习和使学生能有所创新的题目。总之，教师要为学生的创新学习创设时机。

(4) 培养创新人格，以利于开展创新学习

在现实生活中由于教育的功利性的影响，不少教师、家长对学生的要求近乎苛刻，要他们循规蹈矩、言听计从、百依百顺。完全按照他们的模式培养孩子，孩子因此完全处于被动状态。久而久之，学生也完全变成学习机器。教师教什么学什么，怎么教就怎么学，学生不敢越雷池半步，表现在学生在做具体的题目时，完全按照教师的思维模式，没有半点新意。而专家经过研究发现，创造性不仅受认知因素影响，而且受学生个人心理、性格、品质的影响也非常大。研究成果还显示，凡具有高度创造性的儿童与成人，在家庭中都有充分的自由，有较多的解决问题的机会。这难道不能给我们一点启示？这也证明人格因素在一个人的成长中所处的地位。要培养良好的创新人格必须做到独立性、兴奋性、冲动性、幻想性同时与顺从性、情绪稳定性、自制性、反对现实性的有机结合与统一。总之，我们要培养的是活泼、好动，既注重实际又不囿于传统，敢于突破常规的具有否定精神的良好个性人格，以利于开展创新学习。

11. 情景性教学原则

"让学生在生动具体的情境中学习数学"是课标的一个重要理念。新教材最大的特点和优点之一就是许多知识的引入和问题的提出、解决都是在一定的情境中展开的。因此，情境教学是提高数学教学有效性的一项重要教学策略。贯彻情景性教学原则，在教学中要实施以下三方面策略。

(1) 用好新教材中教学情境的文本资源

新教材特别注意选取生动有趣，密切联系学生生活的素材，精心设计了单元主题图或重要课题的情境图，体现了"数学问题生活化"的理念。教师要充分发挥教学情境图的作用，一是用放大的教学挂图，或运用现代教育技术将静态的情境动态化、具体化。二是要给学生提供观察思考的时间，让学生看懂图意，获取和选择信息，以利于新知识的引入或发现问题。这有别于语文的"看图说话"，这里要突出数学的特点，要引导学生学会用数学的方式去观察思考，从数学的角度去发现问题、提出问题。

(2) 教师应是教学情境的直接创设者

教师应根据教学的需要和学生的实际，从学生身边的事物和现象中选取素材，创设新的教学情境，如现实生活情境或模拟现实生活的情境、操作情境、趋近学生思维最近发展区的问题情境、探究情境等，使学生不仅感到生活中处处有数学，而且能激发学生认知的需要、学习的兴趣和探索的动机。

(3) 正确认识和适度运用情境教学策略

在公开课中，有的教师创设了太多、太杂的教学情境，多媒体课件使人眼花缭乱，目不暇接，人为地降低思维要求。这需要进一步明确情境教学的目的和作用，科学适度地进行情境教学。

总之，我们不要约束学生的个性化发展，不要给他们条条框框，要让学生活起来、动起来。既要注重点，更要注重面。生活是丰富多彩的，事物是千变万化的，为何要我们的孩子不拘一格呢？给学生一片自由天空，让学生插上想象的翅膀才能有利于创新能力的发展。

以上这些教学原则并不是孤立的，而是彼此密切联系的、相辅相成的。因此，在教学过程中，教师要深刻理解这些教学原则的整体作用。结合教材和学生特点，配合运用，才能实现教学目的，提高数学教学的有效性。

第二节 高中数学教学结构的优化

一、高中数学教学的优化措施

(一) 加强师生互动

要激发学生学习的积极性，教师就要把课堂活跃起来，使枯燥的数学变得有趣，培养学生学习兴趣。教师应注重课堂上与学生的互动，师生互动增加，学生就会更好地融入课堂，教学效率就会提高。教师可以在教学过程中设置提问，让学生的思维跟着教师，集中学生的注意力。师生互动的加强可以让学生主动参与课堂教学，增进师生感情。

（二）设立学习小组

教师要将学生分成学习小组，在小组互相学习中不断进步。教学生以小组形式进行讨论完成一个任务，这样每个学生都能很好地参与到教学，每个学生在小组里发挥自己的才智，不仅可以提高教学效率，还可以提升学生的合作能力、表达能力、自主思考能力等。小组学习还可以让学生互相取长补短，共同进步，可以培养学生独立思考的能力。课堂教学不再只是教师一个人在讲解，学生以小组形式，思考问题、分析问题、解决问题，小组学习也会使学生的学习过程变得有趣，从而提高学生的学习兴趣。

（三）创新教学方式

随着多媒体的出现，教师可以利用多媒体进行教学，利用视频、音频、图片等丰富教学内容，激发学生学习积极性。例如，教学函数绘图时，教师可以利用绘图软件，根据函数自动生成函数图像，让学生更准确地观察函数的变化，更好地理解函数的性质。教师还可以采用翻转课堂，让学生自己当一回教师，讲解知识点，更仔细地去学习一个知识点。为了能够上好课，学生会提前做好充分的准备，在准备的过程中，学生就掌握了数学知识，而且这样学生也不容易忘记。

（四）充分利用教材

教材是教学的根本，但教材不是完美的，并不是每一个内容都适合学生学习，教师在教学过程中要仔细备课，更好地利用教材。教材有一些知识点分布得比较散，教师教学时应该放在一起教学，可以将一些知识点有效地整合在一起，更有利于学生记忆。

（五）分层教学

每个学生的学习程度不尽相同，教师要分析学生的学习程度，对学生进行分层教学。分层教学使每个学生都能接受到适合自己的教学内容，每个学生都能学有所得。教师可以将学生分成高、中、低三层，对于高层的学生可以适当地进行拓展教学，在熟练掌握课本知识后进行扩展；对于中层学生，教师要让学生熟练掌握每一个知识点的用法，能很好地解决习题，举一反三；对于低层学生，教师要关注学生基础知识的掌握，让学生熟练掌握数学基础知识，能解决百分之七八十的基础题目。

（六）注重初高中衔接

教师要重视初高中的衔接，了解学生的学习情况、学习能力以及学习方法等。对于一些基础知识薄弱的学生，教师要以鼓励为主，并对这些学生进行课外辅导，提升学生的数学基础，让学生跟得上学习进度。教师可以在教学每个新的数学知识点时，适当地带领学生一起复习一下相应的基础知识，帮助学生理解。教师要改变学生之前养成的一些不好的学习习惯，帮助学生更好地学习。教师要耐心地指导每一个学生，让学生保持学习积极性，让学生乐于学数学、会学数学。

数学教学对于学生的全面发展有着重要的影响，高中阶段的数学学习更是有其存在的重要价值。但现在数学教学过程中依旧存在许多不足，教师要看清现状，对教学方式进行改革，以学生为中心，创新教学方式，有效提高教学效率，不断提高学生各方面的能力，提升学生的数学素质。

二、数学教学结构的具体含义

数学教学结构主要是指在正确教学理念的指导下，设计出简化而稳定的教学组合方式以实现教学目标，课程的宏观规划包括教学理念以及教学课前、课后设计等多个操作环节。

数学教辅资料随处可见，依据内容选择合适的教辅资料不再是个问题。面对纷繁复杂的教学资料，如何将这些教学信息有组织、有安排地优化教学结构显得非常重要。目前，对于优化教学结构有不同的主导观念，教师需要以学生的认知基础、学习能力为出发点，有效地结合与安排教材设计，才能达到较好的教学效果。

三、高中数学教学结构优化的具体操作方法

（一）优化目标

教学目标是课堂教学结构当中的基础部分，一节课程始于课堂目标也终于课堂目标，因此在教学过程当中教师应该首先优化教学目标。在新时代教学理念的引导下，教师应该认识到当前的教学目标不再仅仅是为了引导学生学习理论知识内容，更多的是为了培养学生的学科素养以及数学能力。在数学教学过程当中，教师不应该单单看重最终的结果，更应该注重学生学习的整个过程，通过学生对知识的学习过程来帮助学生发现自己在数学学

习当中的不足。教师应该认识到教学是面向所有学生开展的，在教学当中教师应该学会结合不同层次学生的学习水平来进行适当的引导。

比如，在引导学生学习直线与圆的位置关系的教学内容时，教师应该结合学生的学习水平和学习能力进行教学。对于学习能力较强的学生，教师除了引导他们完成基本的数学作业以外，还要适当地给他们增加一些有难度的相关数学题目，以此来锻炼他们的数学思维。对于学习能力中等的学生来说，教师应该引导他们要保质保量地完成教师所布置的每一个数学习题。而对于学习能力一般的学生来讲，教师应该学会让他们掌握最基础的数学理论知识。教师通过这样不同的教学目标的设计，能够最大限度地保证课堂当中所有的学生都能够参与到这个教学环节当中来。

（二）优化内容

在开展教学结构设计时，教师应该优化整个教学内容，最基础的教学设计就是通过回顾性巩固复习来引导学生对数学内容有一定的掌握。比如，在引导学生学习圆与方程的教学内容之后，教师结合各部分的数学知识内容对学生进行简单提问。教师可以通过学生对教师所提出的各方面的问题进行回答，然后来判断学生对各部分内容的掌握和理解程度。这样不仅能够很好地引导学生对数学内容进行回顾复习，而且还可以根据学生对知识的掌握情况合理地布置数学训练习题。

然后就是要设置相关的课题引导。这里所说的课题并不单单是教材上的内容标题，而是教师根据教学内容的要求以及教师的教学目标，将教学重难点问题设置为教学课题，这样能够突出教学内容。并且在开始引导教学之前，教师应该告诉学生对所提出的教学课题需要掌握到何种程度，这样可以有效地提高学生在高中数学课堂上的注意力。

最后是课程的导入过程。高中数学知识实际上是层层递进的，并不是一蹴而就的，各个知识点之间有着紧密的联系。在教学当中教师应该学会进行课程导入，精彩的课堂导入能够让学生对所学的知识充满兴趣，并且还有助于学生更形象地理解知识内容。例如，在引导学生学习线与面的相关教学内容时，教师可以引入学生实际生活当中常见的足球门框与足球场地面之间的关系。这样就能够很好地把抽象的数学理论内容呈现给学生，学生自然对于直线与平面的位置关系能够有更清楚地把握。

（三）优化教学方式

在教学结构设计中，教师的教学方式起着很大的作用，教学质量的好坏与之有着很大的关系。在高中数学教学过程中，教师可以通过结合生活化的教学方式来帮助学生理解抽象、有难度的数学内容。

比如，在引导学生学习直线与圆的位置关系时，教师可以将这个问题转换到足球运动当中。教师可以假设某位球员在进行射门的过程中球的轨迹满足一定的运动曲线方程，假设这个球始终是贴着地面运动（这样就可以把问题限制在二维的空间当中，也利于学生的思考），然后设定坐标原点和坐标系，并且告知学生球门左右两边的两根柱子的直线方程，然后让学生判断这名球员能否射门成功，这个问题首先需要学生结合球的运动轨迹方程以及两个柱子的直线方程和球的大小进行分析判断。这样不仅能够帮助学生掌握直线与圆的位置关系的内容，还可以帮助学生理解不同运动曲线之间的位置关系，这样能够帮助学生更好地理解教学内容。

在高中数学教学中，为了帮助高中生更好地学习和掌握数学知识内容，教师要学会优化相关的教学结构，从教学目标、教学内容以及教学方法三个方面进行更加细致化的教学。教师与学生之间通过搭建起合作探讨学习知识的桥梁，激发高中生的求知欲，进而推动高中数学学习的效率。

第三节 新课程标准下的数学教学

一、《普通高中数学课程标准（2017年版）》的课程性质与基本理念

（一）课程性质

数学是研究数量关系和空间形式的一门科学。数学源于对现实世界的抽象，基于抽象结构，通过符号运算、形式推理、模型构建等，理解和表达现实世界中事物的本质、关系和规律。数学与人类生活和社会发展紧密关联。数学不仅是运算和推理的工具，还是表达和交流的语言。数学承载着思想和文化，是人类文明的重要组成部分。数学是自然科学的重要基础，并且在社会科学中发挥越来越大的作用，数学的应用已渗透到现代社会及人们日常生活的各个方面。随着现代科学技术特别是计算机科学、人工智能的迅猛发展，人们获取数据和处理数据的能力都得到很大的提升，伴随大数据时代的到来，人们常常需要对网络、文本、声音、图像等反映的信息进行数字化处理，这使数学的研究领域与应用领域得到极大拓展。数学直接为社会创造价值，推动社会生产力的发展。

数学在形成人的理性思维、科学精神和促进个人智力发展的过程中发挥着不可替代的作用。数学习是现代社会每一个人应该具备的基本素养。

数学教育承载着落实立德树人根本任务、发展素质教育的功能。

数学教育帮助学生掌握现代生活和进一步学习所必需的数学知识、技能、思想和方法；提升学生的数学素养，引导学生会用数学眼光观察世界，会用数学思维思考世界，会用数学语言表达世界；促进学生思维能力、实践能力和创新意识的发展，探寻事物变化规律，增强社会责任感；在学生形成正确人生观、价值观、世界观等方面发挥独特作用。

高中数学课程是义务教育阶段后普通高级中学的主要课程，具有基础性、选择性和发展性。必修课程面向全体学生，构建共同基础；选择性必修课程、选修课程充分考虑学生的不同成长需求，提供多样性的课程供学生自主选择；高中数学课程为学生的可持续发展和终身学习创造条件。

（二）基本理念

1. 学生发展为本，立德树人，提升素养

高中数学课程以学生发展为本，落实立德树人根本任务，培育科学精神和创新意识，提升数学学科核心素养。高中数学课程面向全体学生，实现：人人都能获得良好的数学教育，不同的人在数学上得到不同的发展。

2. 优化课程结构，突出主线，精选内容

高中数学课程体现社会发展的需求、数学学科的特征和学生的认知规律，发展学生数学学科核心素养。优化课程结构，为学生发展提供共同基础和多样化选择；突出数学主线，凸显数学的内在逻辑和思想方法；精选课程内容，处理好数学学科核心素养与知识技能之间的关系，强调数学与生活以及其他学科的联系，提升学生应用数学解决实际问题的能力，同时注重数学文化的渗透。

3. 把握数学本质，启发思考，改进教学

高中数学教学以发展学生数学学科核心素养为导向，创设合适的教学情境，启发学生思考，引导学生把握数学内容的本质。提倡独立思考、自主学习、合作交流等多种学习方式，激发学习数学的兴趣，养成良好的学习习惯，促进学生实践能力和创新意识的发展。注重信息技术与数学课程的深度融合，提高教学的实效性。不断引导学生感悟数学的科学价值、应用价值、文化价值和审美价值。

4. 重视过程评价，聚焦素养，提高质量

高中数学学习评价不仅关注学生知识技能的掌握，更关注数学学科核心素养的形成和发展，制定科学合理的学业质量要求，促进学生在不同学习阶段数学学科核心素养水平的

达成。评价既要关注学生学习的结果,更要重视学生学习的过程。开发合理的评价工具,将知识技能的掌握与数学学科核心素养的达成有机结合,建立目标多元、方式多样、重视过程的评价体系。通过评价,提高学生学习兴趣,帮助学生认识自我,增强自信;帮助教师改进教学,提高质量。

二、数学新课程标准下的教师角色转变

(一) 教师教学观念的转变

新课程对教师的挑战首先是思想观念上的冲击。要走进新课程、执行新课标,必须思想观念先行。没有教育观念的转变,即使用的是新教材,也会发生执行的是旧标准的现象。教师的教学观,首先应由过去的"以学科为本"转变到"以学生发展为本"。教师要把学生看作发展中的人,关注每个学生的发展,发现个性、发展潜能;充分体现"人人学有价值的数学,人人都能获得必需的数学,不同的人在数学上得到不同的发展"。其次,教师应重新审视自己在课堂教学中的地位和作用。新课程标准中要求教师是"课堂教学的设计者、组织者、合作者和资料提供者"。教师将由过去"一言堂"中数学知识传授的主宰者,转变为数学教学活动的组织者、引导者、参与者和研究者。从过去教师纯教学型转变到"教学实施者、课程研究建设者和资源开发者"。这就要求广大一线教师积极地投身到教育探索和研究之中,快速提高自身的数学专业素质和教育教学研究的水平。从思想上转变到新的课程标准上来,才能在行动上按新课程标准的要求去实施。

(二) 教学行为、工作方式的转变

教师将随着课程所建立的学生学习方式的改变而重新建立自己的教学方式。教师在教育改革的舞台上将演出一个新的剧目,教师将进入课程规定的新的课堂生活方式。可以预言,新世纪中国课程改革中的教师,将是21世纪中国社会上具有明显变化的职业之一。新课程对课堂常规教学的影响主要表现在以下几个方面。

1. 课堂中知识结构的变化

据专家分析,在未来的课堂上,知识将由三方面组成:教科书及教学参考书提供的知识、教师个人的知识、师生互动产生的新知识。新课程将改变教科书一统课堂的局面,教师不再只是传授知识,教师个人的知识也将被激活,师生互动产生的新知识的比重将大大增加。这种学习方式的改变,必然导致师生关系的改变,使教师长期以来高高在上的地位发生变化,教师将从知识的权威成为平等参与学生的研究者。按新课程标准编写的教科书

所提供的知识也将改变教师个人知识及师生互动产生新知识的结构。课堂知识的变化将改变传统的课堂面貌。教师作为知识传授者的角色是不能被淘汰的，但与以前不同的是，它不再是教师唯一的角色。

2. 课堂控制方式的变化

课程授受知识的变化决定了教师课堂控制方式的变化。传统课堂教学中的教师往往倾向于结构化、封闭式的权力型控制方式，非常强调学生对教科书内容的记忆与内化。因而，这种控制方式是维持教科书知识占绝对优势，很少有教师个人知识的发挥，几乎没有师生互动知识的产生的状况的原因。教师在新课程的教授中，将更多地采取非结构、开放式的控制方式，特别注重学生的创新品质的培养。因而，教科书知识的比例相对较少，教师个人知识和师生互动产生新知识的比例较大。这样一种控制方式是对传统权力型课堂控制方式的挑战。

3. 课堂常规经验的变化

当教师以知识传递为重点的时候，他的经验做法是将知识、技能分解，并从部分到整体地、有组织地加以呈现。学生通过倾听、练习和记忆，再现由教师所传授的知识。让学生回答教材中的问题，记课堂笔记。当教师以学生发展为中心的时候，他的经验做法是通过相互矛盾的事物引起学生认知的不平衡，引导学生完成解决问题的活动，监测他们发现问题后的反思。新课程中，教师引发并适应学生的观念，参与学生开放式的探究，引导学生掌握真正的研究方法和步骤。

（三）《义务教育数学课程标准（2022年版）》中的数学教师的主要任务

新的数学课程标准的出台和实施，促进了数学教师本身的成长，为教师的发展提供了广阔的天地和空间。在数学教学中，通过数学活动的师生互动和师生协作，教师的水平得到了发挥，自身素质也得到了发展。数学实验区的教学实验和实践，不仅促进了学生的发展，也造就了一大批优秀的数学教师。数学教师成长的必由之路就是对自己的教学实践不断进行反思和研究，开展创造性的数学教学，使自己的教学方法更适合学生发展的需要。而新课程也对数学教师的创造性提出了更高的要求。

根据数学课程标准的基本理念，学生的学习方式将发生变化，这对数学教师的教学工作提出了新要求。教学工作越来越不可能找到一套"放之四海而皆准"的模式。因此，教师必须在教学工作中随时进行反思和研究，在实践中学习和创造。在新课程中，教师将由传统的知识传授者转变为课堂教学的组织者、引导者和合作者。另外，数学教学过程不再是机械地、按部就班地执行教材的过程，而是利用教材在教师的指导下，开展以学生为主体的数学活动。同时，新课程要求师生从实际需要出发，利用更广泛的数学课程资源，组织学生进行数学探究和课题学习的实践活动，进行数学建模、数学文化的专题活动，这促使了教学真正成为师生富有个性化的创造过程。新的课程呼唤着创造型的数学教师，新的时代也将造就大批优秀的数学教师。用新课程的理念看过去，原数学课程中的教学目标、教学环节、步骤都带有以讲授为主的痕迹。原数学课程中的练习、提问、作业都需要赋予新的含义和形式。从课前准备、教学内容的安排、数学活动的组织到教学方法的运用等，都需要重新设定。数学教师在课堂中的位置，将不再是那个知识传递者的固定位置——讲台；教师将在教室里流动起来，将参与到学生的学习之中，与学生分享数学知识和情感。教师的课前准备，将不再纠缠于数学知识点的微观课程结构之中，而是活跃在由课程因素组合的宏观课程结构中，倾心于数学问题教学情境的设计，教学资源的组织、开发和利用。

新课程中，教师从知识的传授者转变为学生学习的引导者，从学习结果的评判员转变为数学活动的组织者。表面上，教师的讲课时间减少了，绝对权威地位减弱了，然而新世纪数学教学对教师的要求更高了。他们在课堂教学中的任务就是围绕教学目标，组织开展数学活动。在教学活动中，主要的工作有以下六项。

1. 为学生创设适宜的问题情境

问题是数学的心脏，问题解决是从问题情境开始的。教师不是将问题及结论和盘托出，而是在适当的条件下，为学生创设适宜的问题情境，教师要通过设计有趣味、富有挑战性的数学问题，使学生产生认识冲突，形成解决问题的心向和驱动性。

2. 鼓励学生争论数学问题，展开思维活动

在学生的问题解决活动中，展开思维过程，引导学生独立思考，鼓励学生争论，促进学生的学习。问题的争论应该注重以下几个方面：问题设计具有适度的挑战性，能激发思考；注重与现实生活的联系，注意从社会生活中提出新问题，能带来重要的事实或信息；注重提炼问题所反映的数学思想，引导学生将结论用一定的数学模式表示出来。

3. 组织学生小组活动，发展学生合作学习的互动意识

教师要努力设计适当的数学任务，促进学生小组互动式合作学习。好的任务应该是以一种生动的线索吸引学生的兴趣，有足够的难度与复杂性，从而挑战学生的兴趣；控制难度，不要让学生望而生畏；教学生用多个办法解决一个问题，这有利于发展数学与实际的联系。

4. 帮助学生建构数学知识，掌握科学的思维方法

通过教师有效地组织课堂教学活动，完成数学的知识技能目标是数学教学的基本任务，教师要适时引导学生归纳、整理所学的数学知识和方法，纳入知识系统，形成鲜活的、可以检索的、灵活运用的知识结构体系，并帮助学生归纳总结科学的思维方法，促进学生对数学的有意义地学习。

5. 指导学生应用数学，增强学生对数学的体验和感受

数学教学的目标之一是促进学生运用数学去认识和影响周围的世界，在运用中体会数学的价值。教师需要注意培养学生不断用数学观点分析、探索周围的世界，把学数学与用数学结合起来，形成自然的数学应用意识，增加自觉的社会责任感。例如，对于统计与概率的内容，教材应重视渗透统计与概率之间的联系，通过频率来估计事件的概率，通过样本的有关数据对总体的可能性做出估计等。教材还应将统计与概率和其他领域的内容联系起来，从统计与概率的角度为他们提供问题情境，在解决统计与概率问题时自然地使用其他领域的知识和方法，为培养学生综合运用知识解决问题提供机会。

6. 根据学生的年龄特征和认知特点组织教学

数学新课程要求教师要充分考虑学生的身心发展特点，结合他们的已有知识和生活经验，设计富有情趣的数学教学活动。

第一学段，学生主要通过对实物和具体模型的感知与操作，获得基本的数学知识和技能，如数和图形的认识、简单的计算、简单的测量和数据统计等。为此，数学教学必须以学生熟悉的生活、感兴趣的事物为背景提供观察和操作的机会，使他们体会到数学就在身边，感受到数学的趣味和作用，对数学产生亲切感。

第二学段，学生已经开始能够理解和表达简单事物的性质，领会事物之间的简单关系。应结合实际问题，在认识、使用和学习数学知识的过程中，使学生初步体验数学知识之间的联系，进一步感受数学与现实生活的密切联系。

第三学段，学生的抽象思维已有一定程度的发展，具有初步的推理能力。同时，也在数学和其他学科领域积累了较为丰富的知识与经验。因此，除了注重利用与生活实际有关的具体情境学习新知识外，应更多地运用符号、表达式、图表等数学语言，联系数学以及其他学科的知识，在比较抽象的水平上提出数学问题，加深和扩展学生对数学的理解。

在新的世纪里，教师这一角色的特征正在发生着新的变化。在当今教师角色的重塑过程中，需要我们站在时代的前列，将历史的和现代的价值意义重新审视，并成功实现教师角色的转变。

三、新课程标准下的数学教学活动

数学课程标准对数学教学的本质、数学教学的基本要求、数学教师的作用等方面都做了明确的阐述。树立正确的数学教学观，掌握合理的数学教学策略是进行数学教学改革、搞好数学教学的根本保证。为使数学教学顺利高效地进行，数学教育工作者应当努力促进自身数学教学观念与教育策略的转变。传统的数学课堂教学过分强调认知性目标，将数学知识与技能作为课堂教学关注的中心，认为数学知识的价值是本位的、首位的，智力、能力、情感、态度等其他方面的价值都是附属的，数学课堂教学因此丧失了素质教育的功能。新一轮国家基础教育改革数学新课程的价值追求和课程目标是实现知识与技能、过程与方法以及情感态度与价值观三个方面的整合。因此，以新的理念指导数学教学，课堂教学必须要进行价值本位的转移，即由以知识为本位转向以发展为本位，数学教学目标要真正体现知识、能力、态度的有机整合，从而符合新的课程改革精神下数学素质教育的要求。

（一）数学教学是结论与过程的统一

从数学教学的角度讲，重结论、轻过程的教学只是一种形式上走捷径的教学。它把形成数学结论的生动过程变成了单调刻板的条文背诵，它从源头上剥离了数学知识与智力的内在联系。重结论、轻过程的数学教学排斥了学生的思考和个性，让学生听讲和记忆数学概念、定理、公式、符号与法则，所以传统的数学教学中有太多的机械、沉闷和程式化，缺乏生气、乐趣和对好奇心的刺激。这让学生不会提出问题，学习可无须智慧只需认真听讲和单纯记忆，读书可不必深入思考，不会思考方法，不会评判、应用和创新知识。这实际上是对学生智慧的扼杀和个性的摧残。正因如此，我们强调过程，强调学生探索新知的经历和获得新知的体验。学生通过过程，理解一个数学问题是怎样提出来的，一个数学概念是怎样形成的、一个数学结论是怎样获得和应用的，通过这个过程学习和应用数学。在一个充满探索的过程中，让已经存在于学生头脑中的那些不那么正规的数学知识和数学体验，上升发展为科学的结论，从中感受数学发现的乐趣，增进学好数学的信心，形成应用意识、创新意识，使人的理智和情感世界获得实质性的发展和提升。当然强调探索过程，意味着学生要面临问题和困惑、挫折与失败，这却是学生的学习生存、生长、发展、创造所必须经历的过程，也是学生的能力、智慧发展的内在要求。

数学课程标准指出，要让学生亲身经历将实际问题抽象成数学模型并进行解释与应用的过程，数学课程的内容"应当是现实的、有意义的、富有挑战性的，这些内容要有利于学生主动地进行观察、实验、猜测、验证推理与交流"。这里的"过程"大体上要包括两个方面。

第一，发现实际问题中的数学成分，并对这些成分做符号化处理，把一个实际问题转化为数学问题。

第二，在数学范畴之内对已经符号化了的问题做进一步抽象化处理，从符号一直到尝试建立和使用不同的数学模型，发展更为完善、合理的数学概念框架。数学课程标准的这一理念从内容上强调了过程，不仅与创新意识和实践能力的培养紧密相连，而且使学生的探索经历和得出新发现的体验成为数学学习的重要途径。

对于数学新课程各学段的教学，应结合具体的数学内容采用"问题情境—建立模型—解释、应用与拓展"的模式展开，让学生经历知识的形成与应用的过程，从而更好地理解数学知识的意义，掌握必要的基础知识与基本技能，发展应用数学知识的意识与能力，增强学好数学的愿望和信心。抽象数学概念的教学，要关注概念的实际背景与形成过程，帮助学生克服机械记忆概念的学习方式。例如函数概念，不应只关注对其表达式、定义域和值域的讨论，而应该选择具体实例，使学生体会函数能够反映实际事物的变化规律。教师要引导学生在数学知识和方法的应用中，体会数学的价值，增强运用数学的意识。如引导学生用变换的观点解释现实世界中与图形有关的现象，欣赏某些建筑物的对称美，让学生自己利用所学知识设计图案。

（二）数学教学活动是教师和学生之间的协作与互动

数学教学是教师与学生围绕数学教材这一教学文本进行对话的过程。在教学过程中，教和学是不能分离的，教学需要沟通与协作。传统意义上的数学教学只是强调知识或技能的传递，强调教师对教学的控制，注重学生接受式的学习，课堂教学模式基本上是灌输—接收，学生基本上是听讲—记忆—练习—再现教师传授的知识。学生完全处于一种被动接受的状态，教师注重的是如何把知识、结论准确地给学生讲清楚，学生只要全神贯注地听，把教师讲的记下来，考试时准确无误地答在卷子上，就算完成了学习任务。

因此，教师对学生的要求是倾听，"听"和"练"成为学生最重要的学习方法。可以说，在传统的课堂中没有师生之间平等对话的基础。而在数学教学过程中，教师与学生应是人格平等的主体，教学过程是师生间进行平等对话的过程。师生间、学生间可以进行动态的对话，这种对话的内容既包括知识信息，也包括情感、态度、行为规范和价值观等各个方面，对话的形式也是多种多样的。教师和学生就是通过这种对话和交流来实现课堂中师生间的互动的。

正因为数学教学过程是学生对有关的数学学习内容进行探索、实践与思考的学习过程，所以学生应当成为学习活动的主体，教师应成为学生数学学习活动的组织者、引导者与合作者。在教学中，教师首先应考虑的是要充分调动学生的主动性与积极性，引导学生开展观察、操作、比较、概括、猜想、推理、交流等多种形式的活动，使学生通过各种数学活动，掌握基本的数学知识和技能，初步学会从数学的角度去观察事物和思考问题，产生学习数学的愿望和兴趣。在这样的需求下，教师在发挥组织、引导作用的同时，又应是学生的合作者和好朋友，而非居高临下的管理者。

教师的这些作用至少可以在以下方面的活动中体现出来。

第一，教师引导学生投入学习活动中去。教师要调动学生的学习积极性，激发学生的学习动机；当学生遇到困难时，教师应该成为一个鼓励者和启发者；当学生取得进展时，教师应充分肯定学生的成绩，树立其学习的自信心；当学习进行到一定阶段时，教师要鼓动学生进行回顾与反思。

第二，教师要了解学生的想法，有针对性地进行指导。起到"解惑"的作用；教师要鼓励不同的观点，多与学生进行讨论；教师评估学生的学习情况，以便对自己的教学做出适当的调整。

第三，教师要为学生的学习创造一个良好的课堂环境，包括情感环境、思考环境和人际关系等多个方面，引导学生开展数学活动。在数学教学中，学生建构数学知识的过程就是师生双方交互作用的历程。教师是组织者和引导者，而不仅仅是解题指导者。在数学课堂中，师生双方捕捉对方的想法，双方产生积极的互动。教师应积极了解学生思考的情况，注意学生的学习过程。教师在数学教学中应经常启发学生思考："你是怎么知道这个结果的？"而不只是要求学生进行模仿和记忆。教师应了解学生的真实想法，并以此作为教学的实际出发点，为学生的学习活动提供一个良好的环境，真正发挥引导者的作用。

（三）数学教学是促进学生认知与情意的谐调统一发展的活动

数学教学是在教师的指导下，通过对数学知识技能的学习和数学思想方法的教学来培养学生的能力，使学生感受数学文化的丰富内涵，体会数学的应用价值，以促进学生的品性人格的发展和数学审美情趣的提高，促进学生认知与情意的协调统一发展的活动。学生的学习是以人的整体的心理活动为基础的认知活动和情意活动相统一的过程。在这一过程中，认知因素和情意因素在学习过程中是同时产生交互作用的。它们共同组成学生学习心理的两个不同方面，从不同角度对学习活动施以重大影响。如果没有认知因素的参与，学习任务不可能完成；同样如果没有情意因素的参与，学习活动既不能发生也不能维持。传统的数学教学论研究忽视了数学教学中的情感问题，把生动、复杂的数学教学活动困于固定、狭窄的认知主义框框之中。正如俄罗斯教学论专家斯卡特金所指出的："我们建立了很合理的、很有逻辑性的教学过程，但它给积极情感的食粮很少。因而引起了很多学生的苦恼、恐惧和别的消极感受，阻止他们全力以赴地去学习。"现代数学教学要求摆脱唯知主义的框框，进入认知与情境和谐统一的轨道。

《义务教育数学课程标准（2022年版）》的一个特色就是明确将"数学思考、解决问题、情感与态度"列为课程目标，并且对它们做了较为详尽的阐述。这克服了过去只重视数学知识的学习与技能、能力的培养。而将情感与态度方面的发展视为数学学习过程中一个副产品的状况。"义务教育的基本任务是促进学生的终身可持续发展"，这一纲领明确地把四个方面的目标并列起来。作为义务教育阶段数学课程的整体目标，就是这个观念的一个集中体现。

《普通高中数学课程标准（2017年版2020年修订）》注重对学生情感态度、价值观的培养，提倡在高中数学课程内容中体现数学的人文价值，这一点在传统的高中数学教育中没有得到充分的重视。而把情感、态度的培养作为一个基本理念融入课程目标、内容与要求、实施建设等中。突出数学的人文价值，正是《普通高中数学课程标准（2017年版2020年修订）》的一个突出特点。把数学文化作为一个独立的要求放入课程内容中，要求把数学的文化价值渗透到课程内容中，课程设置了数学文化、数学建模、数学探究的学习活动，并分别对它们提出了具体要求。这些学习活动被安排在适当的模块中，并设立了"数学史选讲"等专题选修课程，使学生在学习数学的同时感受数学历史的发展、数学对于人类发展的作用、数学在社会发展中的地位，数学的发展趋势。

（四）新课程标准对教师教学行为的要求

新课程标准要求教师更新观念，转变角色，提高素质，对教师的教学行为提出了明确的要求。

1. 在对待师生关系上，新课程强调尊重和赞赏

"为了每一位学生的发展"是新课程倡导的核心理念。这一理念要求教师必须尊重每一位学生做人的尊严和价值，尤其要尊重这六种学生：智力发育迟缓的学生，学业成绩不良的学生，被孤立和拒绝的学生，有过错的学生，有严重缺点、缺陷的学生，和自己意见不一致的学生。尊重学生同时意味着不伤害学生的自尊心。

教师不仅要尊重每一位学生，也要学会赞赏每一位学生。赞赏每一位学生的独特性，如兴趣、爱好、专长；赞赏每一位学生所取得的哪怕是极其微小的进步；赞赏每一位学生所付出的努力和所表现出来的善意；赞赏每一位学生对教科书的质疑和对自己的超越。

2. 在对待教学关系上，新课程标准强调帮助和引导

在新课程标准中，学生的学习方式正由传统的被动接受式的学习方式向具有主动性、独立性、独特性、体验性和问题性的现代学习方式转变，这就要求教师必须从传递知识的角色向学生学习的促进者转变。那么，教师的教如何促进学生的学呢？

教的职责在于帮助，帮助学生确定适当的学习目标，并确认和协调达到目标的最佳途径；帮助学生形成良好的学习习惯，掌握一定的学习策略；帮助学生搜寻和利用学习资源，为学生的学习服务；为学生创设丰富的教学情境，激发学生的学习动机，培养学生的学习兴趣；帮助学生对学习过程和结果进行评价和反思；帮助学生发现自己的潜能，提高自我意识。

教的本质在于引导，引导的特点是含而不露，指而不明，开而不达，引而不发；引导的内容不仅包括方法和思维，同时也包括价值和做人。引导可以表现为一种启迪——当学生迷路时，教师不是立刻指明方向，而是引导他去辨别方向；引导还表现为一种激励——当学生停滞不前时，教师不是拖着学生走，而是唤起其内在的精神动力，鼓励他不断前进。

3. 在对待自我上，新课程标准强调反思

反思是教师以自己的职业活动为思考对象，对自己的职业行为及其效果进行审视和分析的过程。教学反思被认为是"教师专业发展和自我成长的核心因素"。新课程标准十分强调教师的教学反思，按教学的进程，教学反思分为教学前的反思、教学中的反思和教学后的反思。教学前的反思能使教学成为一种自觉的实践；教学中的反思能使教学高质高效地进行；教学后的反思能使教学经验理论化。教学反思会促使教师形成自我反思的意识和自我监控的能力。

4. 在对待与其他教育者的关系上，新课程强调合作

在教育教学过程中，教师除了面对学生之外，还要与周围其他教师发生联系，并与学生家长沟通与配合。新课程标准的综合化趋势特别需要教师之间的合作，不同年级、不同学科的教师要互相配合，齐心协力地培养学生。每个教师不仅要教好自己的学科，还要主动关心和积极配合其他教师的教学，使各学科、各年级的教学有机融合、相互促进。教师之间一定要相互尊重、相互学习、团结互助，这不仅具有教学的意义，而且还具有教育的功能。

家庭教育的重要性是不言而喻的，教师必须处理好与家长的关系，加强与家长的联系

与合作,共同促进学生的健康成长。这就有三个重点。第一,要尊重学生家长。虚心倾听学生家长的教育意见。第二,要与家长保持经常的、密切的联系。第三,要在教育要求和方法上与家长保持一致。

第二章
高中数学教学模式

第一节 高中数学实验探究教学模式

一、实验探究教学概念界定

实验探究教学法在理论上博采众家之长，以"探索性实验教学"和"实验引导探索法"的"实验和观察"为基础，对问题进行"假设和佐证"，并分析、推断获得结论及其"巩固开拓"；以"诱思探究教学"和"引导—探究"教学模式的"问题情境，诱导思维""教师为主导，学生为主体"，激发"观察"与"思维"的兴趣和动机，培养"探索"与"研究"的科学方法和实践能力等。在实践上兼容百家并蓄，保留了"探究式教学"、"诱思探究教学"和"引导—探究"教学模式的创设问题情境，查阅有关文献资料，进行自学提炼，去伪存真，由此及彼的"理论探究"；继承了"探索性实验教学"的提出解决问题的多种设想，独立操作实验反复验证的"实践探究"；发展了"实验引导探索法"和"探究—研讨教学法"将结论进行巩固拓展迁移，完善认知结构，训练科学方法，体验知识形成的过程，促进知识向能力转化等教学思想。

二、数学实验探究教学模式的建构

21世纪是知识经济的时代，经济的竞争归根结底是人才的竞争，加强素质教育、提高人口素质是社会发展的原动力。学校是教育的主阵地，一套合理适用的教学模式则是提高教学质量和培养学生综合能力的有力保证。科学探究教学模式是培养创新精神和实践能力的重要手段和有效途径，实验探究是科学探究的重要组成部分。

（一）实验探究教学的指导思想

实验探究教学，就是在教师引导下，学生运用已学过的知识和技能，把自己当作新知识的探索者和发现者，通过实验亲自发现问题、探索问题和解决问题的一种方法。这种方法要求教师在教学时，不要把现存的理论直接告诉学生，而根据教学目的，要求和学生的认识规律，设计探索方案，积极引导学生按一定的思路，通过观察实验、阅读、讨论、练习、课外实践等多种活动，探究数学知识，发展各种能力，从而完成教学任务。

我们将实验探究式教学的指导思想归纳为这4点：①以实验为基础；②突出学生的主体性；③强调实验教学的探究性；④形成知识技能的掌握、能力的形成和态度的培养在探究过程中的统一。

（二）"实验探究教学"模式的特点

"实验探究教学"模式是指学生在教师的引导下，运用已有的知识和技能，充当知识的探索者和发现者，通过自己设计的方案，进行实验操作，去探索问题和解决问题的一种教学模式。其基本结构为"问题—实验事实—结论—应用"，这个教学模式有以下几个特点。

1. 有利于充分发挥学生的主体作用

信息时代呼唤创新意识。"实验探究教学"模式与传统教学模式最大的不同就在于学生不再是一味听教师讲、看教师做，而是在足够的时间和空间范围内，由自己来确定时间的分配，进行方案的设计和实验操作，对实验的事实加以分析并得出结论。在这样的学习氛围中，学生就能真正感受到自己是学习的主人，变"要我学"为"我要学"从而迸发出智慧的火花。

2. 有助于充分挖掘学生的潜力，培养其创新思维能力

古人云："疑者觉悟，觉悟之机也；一番觉悟，一番长进。"传统的教学模式常常是学生跟着教师走，对新学知识要求学生一味死记硬背，致使学生稚嫩的创新思维泯灭殆尽。"实验探究教学"模式却能给学生提供主动探求知识的宽松环境，让学生在成功的设计和愉快兴奋的实验操作中，发挥其潜力，活跃其思维。在对未知领域的探索过程中，通过自己的实验操作和验证，积极地去思考、去探求，从中展现他们的智慧，激发他们的灵感。

3. 有利于培养学生的学习兴趣

爱因斯坦说过，他没有特别的天赋，只有强烈的好奇心。强烈的求知欲、好奇心，恰

恰是一切创新的基础，而兴趣却是最好的老师。孔子说过：知之者不如好之者，好之者不如乐之者。"实验探究教学"模式就是培养学生数学兴趣的有效途径，因为实验本身就会激起学生浓厚的认知兴趣和求知欲望。学生通过亲自探究实验现象产生的原因和规律时所形成的兴趣，具有自主性、稳定性和持久性。实践证明这是一个行之有效的教学模式。

（三）建构数学实验探究教学模式的原则

1. 主体性原则

教师要把学生作为真正的教育主体，以学生生动活泼主动的发展为出发点和归宿，一切教育措施和条件都要为学生的全面发展与个性充分发展而选择和设计。学生在数学实验探究教学过程中要与教师一起选择探究课题，提出解决问题假设，自行设计验证实验方案，反复操作验证获得结论等，做到主动参与、全员参与和全程参与，真正做学习的主人，做工作的主人，做生活的主人，做集体的主人，以主人的姿态投入实验探究教学活动过程之中。

2. 先进性原则

探究包含着创新、创造，就是对传统、常识、常规与秩序的超越、完善、纠正和发展。坚持这个原则，就是要培养学生高尚的，进步的探索创新意识，树立为祖国，为人类和平而创造的世界观和价值取向，凡有利于生产、经济发展、改善和提高人民生活、人类社会和平稳定的就去探索创造，反之就不能探索创造。

3. 创造性原则

实验探究教学的过程是一个以学生为主体的探究实验活动，也是一个自始至终包含着变革、革新、改进、创造等思维活动过程。在教学中贯彻创造性原则，首先要更新探究创新观念，要树立积极创新观。其次要及时吸收引进学科发展前沿和科技新成就，精心设计策划融合在实验中。要多层次、多渠道，多形式设计和组织实验，要创设创造性地解决问题情境，引导学生"模拟"科学家去探索世界，开展创造性的实践活动。

4. 发展性原则

学生学习的过程是主体自我发展的过程，学校一切工作都是以学生的主体发展、自主发展为中心。在实验探究教学过程中贯彻发展性原则，要求教师给出探究课题或所设计的探索性实验方案，既要切实符合学生的认知结构和身心发展水平，又能促进学生的实验、设计、思维、探索、创新等能力的发展。

三、数学实验探究教学的实施过程

（一）高中数学实验探究教学的含义

高中数学实验探究教学，是"以数学问题为中心，让高中生从研究中学习"的教学模式。它是以主体教育为指导思想，在教师引导下，以主体研究问题、再创造知识为学习方式；以数学问题设计、学习指导为教学方式的一种创新教育的教学模式。具体是指在教学过程中，以高中生自主学习和合作讨论为前提，以教材为基础，在教师的启发诱导下，学生自由表达观点，质疑探究问题，并通过个人、小组、集体等多种形式的解难释疑活动，用所学知识解决实际问题的教学形式。教师作为探究式教学的引导者，其任务是调动学生的积极性，促使他们自己获取知识，发展能力。教师还要为学生的学习创设探究的情境，提出探究性的课题，营造探究的氛围。学生作为探究式课堂教学的主人，明确探究目标，思考探究问题，掌握探究方法，敞开探究思路，交流探究内容，总结探究结果。

（二）高中数学实验探究教学模式的基本结构

数学实验探究教学模式是探究教学理论在高中数学实验教学中的实践，它是指在探究教学理论的指导下，在实验教学过程中，通过数学实验发展学生的探究能力，培养其科学态度和精神的一种教学活动结构和策略体系。

1. 创设情境，提出问题

教师创设问题情境，给学生提供新的学习准备，营造一个良好的学习氛围，推动学生认知冲突，启发思维，引发问题。

2. 确定主题，明确目标

教师创设了情境，学生的学习兴趣被激发出来。

3. 探究实验，提出猜想

探究实验是指学生按照教师提出的实验要求，亲自用电脑完成相应的实验，努力去发现与所研究问题相关的一些数据中反映出的规律性，对实验结果做出清楚地描述。

4. 验证猜想，得出结论

验证猜想是指在提出猜想之后，通过传统实验、虚拟实验、演绎推理等方法来验证猜想的正确性或通过举出反例的方法来否定猜想。这是数学实验不可缺少的环节，是我们获得正确结论的关键步骤，是对实验成功与否的判断。验证猜想的过程实际上是培养学生求实的学习态度和严谨的逻辑推理能力的过程。

5. 评估交流，总结规律

在各小组做出实验结论后，要求各组成员首先认真总结小组的探究过程；其次，再通过小组间的交流，比较各小组的探究过程和思维结论，从中获取成功的经验和失败的教训，调整或重新设计实验方案，使自己的实验探究过程更加合理；最后，教师对本次实验进行总结和评价。

6. 扩展应用，变式训练

拓展应用，即知识规律的巩固和活化，学生的思维生长和发散，能力形成和发展的过程。为学生的创造性活动以及思维发展创造条件，开放一个更加宽阔的空间，使得实验探究教学真正具有伸展性和开放性。其目的不仅仅在于知识的消化巩固，更在于进一步获取新的知识和方法，培养学生的分析综合能力和创造性思维能力。

第二节 高中数学课堂互动教学模式

一、高中数学课堂教学中互动教学法的应用

随着我国的经济不断发展，社会不断进步，现在越来越重视对基础教育人才的培养。而高中正是人生中的关键时期，而数学亦是高中学习的难点和重点的学科，而课堂才是学生的"主战场"，所以，要学好数学必须从课堂上入手。因此，互动教学法应运而生。本文主要应用探究互动教学法的应用范围，以及互动教学法是否存在一些问题，并提出自己的见解。

（一）在高中数学课堂中运用互动教学法的意义

互动教学法在高中数学课堂中具有非常重要的意义，它不仅可以让学生学到课本上的知识，而且还能培养学生的自主学习的意识，提高学生的数学思维能力和加强学生的实践能力。

1. 可以提高教学的效率

互动教学方法的一大特点是促使学生进行思考，可以培养学生独立思考的能力，同时也可以使学生与教师之间形成良好的互动，建立良好的师生关系，使教师可以第一时间掌

握学生的学习情况，可以及时对数学教学方法进行调整，从而提高教学质量，进一步使学生的学习成绩提高。

2. 有效提高学生的能力

在高中的数学课堂中使用互动教学法可以使学生在原有的掌握基本的数学知识的基础上，理解更深奥的数学知识，同时形成自己的数学思维。换句话说，就是让学生在掌握数学知识的基础之上，通过互动教学，完成在教学过程中的互动，引导学生进行思考，使学生能更好地掌握课堂讲授的知识，同时能够充分的锻炼学生的合作能力、思考能力。

（二）高中数学课堂中互动教学法的应用途径

1. 高中数学的教学目标要明确

教师遵循互动教学方法教学时，必须依据不同的知识内容灵活的设置教学目标，使学生不但能学习到基础的数学知识，还能学到一种数学思维方式，可以全面的提高学生的逻辑思维能力、探究能力和创新能力。

2. 设置问题情境

教师应用互动教学法就要设置教学问题。教师对问题的设置必须遵循一定的原则。首先，教师设置的问题必须以具体的情境为依据，学生通过对情境问题的思考可以达到互动教学方法中互动的目的。其次，教师在设置数学问题时，应该灵活地设置内容和形式，使问题的答案具有开放性，可以改变提问的方式对问题进行深入的思考，使学生能够深入地理解数学。而且，教师也可以在高中数学互动教学中联系实际生活中的例子，使课堂联系生活，使学生能通过这种方式进一步思考、理解和探究数学问题。

3. 运用灵活的教学手段

在高中数学课堂中在应用互动教学方法时，可以根据具体的教学内容选择合适的教学手段。选择合适的教学手段可以使学生的学习兴趣和学习积极性得到有效的提高，进而使高中数学课堂的教学质量和学生的学习成绩均得到提高。教师可以运用互动教学的方法彻底激发学生的好奇心和学生的学习兴趣，充分提高学生的自主学习能力，发展学生的探究思维。例如，在学习高中教材中的"圆和方程"一课时，教师可以让学生实际动手画图解决问题，学生在画图解决问题的过程中掌握一定的数学知识。

（三）应用互动教学方法应该注意的问题

1. 教师要有目的设置问题

教师要根据一定的教学目的来设置问题，只有符合教学目的的问题才能体现学习内容的本质，才会使互动教学方法变得有意义。

2. 教师要直观的设置问题

教师设置的问题要直观并且数学学科的特点，这样学生才能真正地理解数学学科学习的本质。

3. 教师要适度的提出问题

每位学生的天赋不同，掌握知识的情况也不同，因此，教师在设置问题时，问题的难易程度一定要符合学生现有的知识水平。

4. 教师设置问题要体现开放性

教师应该多层次的提出问题，这样学生比较容易入手，开放性强的问题它的思考空间比较广，可以促进学生的创新能力的发展。

5. 教师设置问题时要具有体验性

通常来讲，教师设置的问题应以提供给学生探究的思维为出发点，通过设置题目来使学生具有问题意识、探究意识。

（四）运用小组合作学习方式，进行师生互动

合作学习是一种有效的学习方式，当前，高中数学课堂教学中教师主要采用让学生通过小组的学习方式来实现互动教学的目的。一般情况，教师提出一个问题，小组内的学生进行讨论，最终由小组组长进行发言汇报讨论的结果，这种方法具有一定的科学性，但是，一旦小组内的成员过多，就难免会有争论不休的时候，意见不能达成一致，这样的小组互动就只有形式而没有什么实际上的效果。总而言之，有效的互动教学方法是有良好的课堂教学氛围为支撑的，能在激发学生的学习兴趣的同时促使学生积极地学习。否则，就失去了互动的基本意义和根本目的，使互动无法进行下去。教师应转变传统的教学观念，构建平等的师生关系，使学生能够在轻松的环境中进行思考、学习，完成学习任务。与此同时，教师要重视学生提出的问题，当学生提出自己的建议，教师要真心地接受。只有这样，才能真正发挥学生的主观能动性，使"教"和"学"能够有机地结合起来，相互促进，共同发展。

（五）互动教学的实施战略

想要实行理想的互动教学，教师首先要做的就是改变学生的心理态度。高中时期是一个比较特殊的敏感时期，学生由于各方面的问题有很大的压力，往往情绪比较激动，如果师生之间的关系十分和谐，学生就会以一颗平和的心态去面对课堂教学，为课堂注入活力，这也是小组课堂保持互动良好有序进行下去的根本原因，这种愉快的氛围会传染，使整个课堂都保持轻松愉快的氛围，这样更有利于互动教学的展开。其次，教师也要做到自身的突破。要勇于创新，设计适应新形势下的教学方案。在教学方法上进行创新并且取得成功并非是短时间就可以完成的，教师必须长久地坚持下去，这就要求教师要努力研究教学方法并找到适合自己的教学方法，再根据学生的具体实际情况进行具体的改变，就可以非常轻松的实施互动教学方法并且最终会取得成功。尽管在这个过程中会耗费大量的精力，但是教育的本身就是一条需要不断探索不断创新的道路，这样才会做到教师和学生的双赢目的。

二、"思维异质互动"在高中数学教学中的实践探究

（一）以问题为基础引发思维

问题是数学的心脏，数学核心素养的提升离不开高质量的数学问题。在课堂中，如何引发思维的异质碰撞，取决于教师在备课过程中对数学问题的设计，以问题为导向，引导和启发师生共同探索，在实验、观察、归纳、猜测、推理、分析、演算和整理的过程中，理解一个数学问题的提出缘由、一个数学概念的形成过程、一个结论的猜想和探索，是实现师生思维异质互动的基础。

如在学习圆的一般方程时，可设计数学问题，铺设台阶，结合圆的两种方程形式和应用，组织学生进行讨论，让学生的思维得到碰撞，使学生的数学抽象、逻辑推理等数学核心素养得以提升。

（二）以探究为阶梯聚合思维

高中数学课堂中的探究式学习是指在教师的组织引导下，以预先设计的课堂探究活动为载体，经过师生的共同合作，提出问题、探究问题、解决问题的过程。在探究学习的过程中，通过师生合作或生生合作，使学生的思维得到碰撞，最终实现思维的共鸣。

如在探究函数 $y = A\sin(\omega x + \varphi)$ 的图像时，可设计多种探究活动，通过情境导入，活

跃学生思维，提高学生的课堂参与度，目标明确、指向清晰地把学生的思维聚合到函数的图像研究中。

（三）以碰撞为亮点发散思维

除了教师的预设以外，在课堂的互动碰撞中经常会出现一些"意外"，如一个有趣的发现、一个错误的解答、一个小小的突变等。这些都是有效的教学资源，教师不能对此熟视无睹。教师要凭借自己的"课感"，使之成为新的教学契机，将课堂带入精彩的新境界。

如教师可将学生的质疑作为契机，即时改进课堂设计，通过鼓励学生辨析质疑，一步步为学生设置台阶，引导学生逐步总结出数学中的一些类似易错点，进一步提升课堂的教学效果。

（四）以变式为保障迁移思维

高中新课程标准将学生核心素养的提升和思维能力的发展设定为主要教学目标，高中数学教师在课堂教学中应积极开展变式教学，让学生在变式迁移中感受数学问题的拓展性和探究性，让课堂教学更具活力和吸引力，同时激发学生的数学学习兴趣。如可通过一题多变，让学生的思维在变化迁移中互动，通过变化的对比，培养学生灵活运用数学知识分析和解决问题的能力。

总之，数学课堂教学要实现师生思维异质互动，既要体现学生"学"的主动，也要突出教师"导"的力量。教师要在给学生留足时间和空间的基础上，通过问题设计、探究活动、亮点发散和变式迁移等教学方式与教学手段，让学生"动"起来，让学生的思维"活"起来。

三、高中数学课堂教学互动性的优化策略分析

（一）善用生活，优化课堂

生活给了数学素材。在生活中学习数学，在数学中解读生活。生活处处演绎数学，数学让生活变得更加具有哲理，生活让数学变得更加通俗易懂。比如，在学习概率的时候，可以充分与生活融为一体。"天有不测风云，人有旦夕祸福"，这句话像是一句顺口溜。在我们的日常生活中，总会有好事发生，但是也会有坏事发生。如天气预报显示今天天气非常好，很多同学都把自己的被子晾到了外面，但是，却忽然间乌云密布，大雨噼里啪啦下了起来，同学们的被子被雨淋湿了。这些日常生活中的点点滴滴，究竟包含哪些数学理论

呢？这看似非常简单的小事，就渗透了概率理论。在数学中，概率是非常重要的数学概念，有了概率，才让生活中发生的点点滴滴变得那么自然，才让人们悟出"天有不测风云"的道理。看似概率不重要，但是，它是非常重要的数学思想。天气时好时坏，心情时好时坏，这些都是对概率的折射。只有把概率融入生活中，才使概率这一概念变得更加具体，让概率有了具体载体。有些题目比较不好理解，如果老师运用传统教学方法去讲解，学生就很难弄懂、很难消化。比如，在讲立体几何的时候，这就要求学生有空间立体感，而且绘图能力也要具备。因此，在讲解的时候，老师可以运用情境教学，让学生寻找生活中的立体图形，这样，学生就可以把抽象的立体几何具体化。如我们学习的教室，就是一个长方体，在讲解长方体的高的时候，就可以运用教室举例，学生看到了实实在在的教室，就会学起来非常容易，这样就能做到通俗易懂。以前，老师需要花费很长的时间才能让学生理解透，然而运用情境的方法，可以让学生轻松地就能理解，并且记忆起来非常容易。在讲解数学中，充分运用生活情境，就会使抽象的数学变得更加具体，把学生带入身临其境的境地，实现数学与生活的结合。因此，要把数学融入生活中，让生活演绎精彩数学，数学课堂就会提升到一个新高度，就能让数学课堂得到优化。

（二）善用故事，优化课堂

故事对于学生来说是非常感兴趣的。在课堂教学中，运用故事，会激发学生学习兴趣，会让学生在听故事过程中，全身心放松，轻松学习数学，缔造轻松课堂气氛，在轻松、愉悦、和谐的氛围中学习数学，课堂趣味就会妙趣横生。比如，在学习"直线和圆的位置关系"的时候，可以运用《山乡巨变》这本作品，在文中写道"正月里的早晨，太阳没有出来，东方天上有几片轻薄的云，染上了彩霞，过了一会，火红的太阳升了起来，红彤彤的，慢慢地变白，照亮了整个天空"。在优美的故事中，美丽的词句，美丽的景色，让学生如梦如幻，像是在仙境一般。然后，老师向学生提问"如果地平线是一条直线，太阳是一个圆，那么，在上面的描写中，直线与圆的位置有几种类型呢？谁能说出来。"在这样的情形之下，学生的兴趣就如同冉冉升起的太阳，一点点被激发出来。很快，学生说出了直线与圆的位置。这样，通过故事，让抽象的数学更加形象，让学生更加主动学习数学。

（三）善用任务，互动课堂

在数学课堂上，讲课过程中，老师可以先给学生布置一些任务，在任务的指导下，学生就会有意识带着任务去学习，这样，学生就能够对重点知识进行整理和归纳，经过思考后，就会转化为自己的知识。通过任务学习法，学生在学习的时候，就不会盲目，而是变得非常有目的，这样学生学起来就非常的得心应手，就能做到重点突出。例如，在学习直线、平面垂直判定这一章节的时候，这个定理其中包括三个点，一个点是"垂直"，另一个点是"相交直线"，再一个点是"平面内"，这三个重要点就是定理的重要内容，在理解的时候，要抓住这三个点，这样不但能够记牢定理，而且记忆起来也就非常牢固。

四、互动视角下多媒体技术在高中数学教学中的应用

（一）利用多媒体技术创设教学情境

高中数学这门学科的学习难度比较大，其学科知识的涉及面较广，需要学生具备较强的逻辑思维能力。因此，在教学时教师需要注重兴趣的引导，让学生能够在学习数学知识的过程中感受数学知识的魅力，借助数学情境创设法，让学生产生学习的兴趣和欲望。首先，教师要分析该节知识所需要讲解的内容，从其内容当中挑选出该节知识教学的重难点，借助多媒体技术、计算机设备等，在互联网当中搜索和其知识相关联的教学题材。其次，教师要结合其收集整合的题材，应用多媒体教学模式，借助图像或者视频等，制作更切合数学教学内容的 PPT 教学材料等。这类更具针对性的 PPT 教学教案，能够快速吸引学生的注意力，集中学生的注意力。最后，教师可以使用图示或者动画等多种方式，把一些较为抽象的数学概念或者公式完整地呈现给学生，这样学生就能够快速地接受教师传递的知识理论，从而掌握这部分难度较大的抽象数学知识。比如，在讲解三角函数的图像与性质时，教师要在教学时，将学习的主动权交还给学生，并以其为教学的宗旨，使用自主学习以及合作探究等多种教学方式，引导学生自行探索数学知识。同时，要注重信息反馈，多和学生进行交谈，保持师生之间的多向交流，发掘学生的学习潜能，让学生能够亲自动手实践，自主思考，这样才会使得整体教学过程更加充满激情和兴趣，深化数学知识。教师可以把教学重难点确定为让学生应用正切函数已有的知识分析性质，结合其性质探究正切函数的图像，了解正弦函数以及余弦函数的图像形状。教师可以借助多媒体技术，制作多媒体课件，同时给学生布置好课前预习作业，询问学生："同学们，如何使用单位圆中的三角函数线去探究正余弦函数的性质呢？"这一问题的提出能够使得学生产生探究知识的欲望，借助更具针对性的 PPT 教案，制作图画或者动画等呈现给学生。这样就能够双重刺激学生的感官和感受，有效调动学生的学习兴趣，使得学生对于抽象知识的理解能力变得更强。

（二）简单化和具体化数学教学重难点

高中数学的逻辑性以及思维性比较强，并且会受到"灌输式"教学模式的影响，使得整体课堂教学的难度变得更高。因此，想要全方位提升数学教学质量，教师需要以提升数学知识讲解的效率为基础，让多媒体技术的使用能够使这部分晦涩难懂的知识变得更加直接化、形象化，学生也能够在较短的时间内了解并掌握重难点知识，借助多媒体技术，简单化、具体化呈现数学教学的重难点。首先，教师要明确课堂所讲解的重难点知识，借助多媒体技术，搜索相关的资料。其次，要总结资料当中所出现的关键性内容，编制出更具针对性的教学对策，同时供给和教学方案相关联的视频教案。最后，在实践时，要将视频教案和教学方案进行同步化设计，一边用文字描述，一边播放视频，讲解数学知识点，使得学生在产生探究兴趣的同时发展想象力以及创造力。比如，在讲解集合间的基本关系时，该教学知识的重难点主要在于让学生了解属于关系和包含关系的区别，掌握集合间的包含和相等关系，让学生观察思考，发现集合间的基础关系，给学生创设情境，设置问题，让学生分组讨论，自由发言。借助多媒体的图像功能，把这一重难点知识更好地展现出来，这样学生就可以直观地了解这一知识，同时提高学生的记忆力，稳步提高高中数学课堂的教学质量。

（三）利用多媒体丰富教材知识

首先，教师要利用多媒体技术，在网络上搜索所需要使用的教学资源以及备课资料等，并结合学生的学情，制订有针对性的教学方案，参考优秀的教学案例，从中汲取经验，以弥补自身所编制的教学案例当中的缺陷，提高数学课堂的教学质量。其次，教师必须转变自身固化的教学观念，可以把多媒体技术和其他新型教学技术相融合，一同投放到高中数学教学课堂上，利用大数据或者信息技术等来取代原本效率较低的黑板或者粉笔等类型的教学模式，使得其教学时间变得更加充裕，同时提升课堂的教学质量。最后，教师要在使用多媒体技术教学时，尽可能地提高课堂教学的趣味性，把视频或者动画等添加至教学方案当中，使得学生的注意力变得更加集中。教师要密切关注动画的使用，不可在课堂上过多播放动画，以免学生将注意力完全投放到动画观看上。教师要结合实际的教学状况，适度使用视频或者动画等多媒体技术。比如，在讲解指数函数时，该节知识的重难点在于让学生学会指数函数的概念、图像以及性质，采用数形结合的方式，让其能够探索并概括指数函数的性质，分析底数，给学生构建情境，合理地使用多媒体技术和设备，将指数函数的概定义和概念引入其中。可以给学生播放细胞分裂的视频，在播放的过程中询问学生："同学们，细胞在分裂时，能够从一个变成两个，两个变成四个，这样细胞在分裂 x 次后最后得出的细胞数为 y，那么 x 和 y 之间所构成的关系是什么呢？哪位同学能够尝试写出 x 和 y 的函数关系呢？"这样选择一些生活实例引出函数的表达式，使得学生的探求需要变得更加强烈，学生也能够体会到数学知识来源于生活，给其理解指数函数的定义做铺垫，发挥出多媒体技术的辅助效用，合理地制作 PPT 教案，提高课堂的教学效率。

（四）通过多媒体技术优化数学结构方法

多媒体在教学中的运用有巨大的优势，弥补了传统教学的不足，在教学中起到了重要的辅助作用，能够激发学生的学习兴趣，促进教学水平的提升。高中数学具有很强的逻辑性和复杂性，为了提高学生的数学学习效率，教师需要采取有效的教学方法来提高高中数学教学重点和难点知识的教学效率。多媒体技术在高中数学教学中的应用，可以使高中数学的重点和难点知识具体化、形象化、简便化，使学生能够快速理解和掌握相关的重点与难点，提高学生的数学素质。首先，教师应确定数学教学的重点和难点内容，并利用计算机网络技术收集相关数据。其次，教师应对教材中涉及的相关内容进行总结分析，制订相应的教学计划，设计相应的视频教学。教师可以根据学生不同层次、不同学习特点制作多媒体课件。此外，课件还可以多次重复使用。教师和学生可以就解决问题和自主学习过程中遇到的问题进行交流，以客观了解学生的学习水平，有助于根据教学内容开发不同难度的多媒体练习库，这对学生的课外实践和知识检测有帮助作用。多媒体教学的整合改变了教师的角色和学生的地位。根据新课程标准的要求，高中数学更加注重探究性和思维性学习，多媒体教学为师生之间的交流提供了更广阔的空间教师和学生有更多的交流机会，有利于与学生建立平等的关系。教师是课堂的领导者，是课堂的参与者和指导员，要营造轻松自由的课堂氛围。学生积极参与，与教师交流不同意见，并在教师的鼓励下轻松自如地学习，提高学习效率。此外，在发现学习问题和相关疑问时，教师可以引导学生通过多次阅读多媒体来强化知识，这不仅有利于学生掌握课堂知识，也有利于学生独立完成课外练习，从而提高教学效率。

综上所述，在讲解高中数学知识时，教师必须善用多媒体技术。多媒体技术的使用不但能够提高课堂的教学效果，同时还会加深学生对数学知识点的印象。由此可见，多媒体教学的应用价值较高，教师可以把多媒体技术和其他教学方式结合使用，从而有效拓展学生的数学思维，提高学生的综合实践能力，让学生的学习兴趣更加浓厚。教师要坚持"以生为主"的教学理念，分析学生的接受能力，妥善地运用多媒体技术，使得多媒体教学能够和数学知识更好地结合，缓解学生的数学学习压力，及时解决其在学习上所遇到的各类难题，同步体现学生的主体效应以及教师的指导效应优势。

第三节　高中数学"6+2"课堂教学模式

一、"6+2"课堂相关概述

（一）概述

"6+2"课堂形态的核心要义在于通过课堂形态的"六个转变"建构"六个课堂"。即课堂教学形态从"教后学"向"学后教"转变，构建理念超前的翻转课堂；从"满堂灌"向"精讲练"转变，构建精讲巧练的高效课堂；从"孤独学"向"互助组"转变，构建合作互动的活力课堂；从"独白式"向"发现法"转变，构建自主探究的发展课堂；从"一言堂"向"百家鸣"转变，构建以生为本的魅力课堂；从"痛苦学"向"快乐学"转变，构建激情四射的幸福课堂。学生通过自主、合作、探究等丰富多彩的学习活动，由"被动接受者"向"主动学习者"转变，形成适应终身发展和社会发展需要的必备品格与关键能力，提升核心素养。同时，教师在施教过程中不断进行教学反思，自然生成精品课堂等研究成果，由"教书匠"向"研修者"转变，提高教育科研能力和水平。师生发展同步并行，相辅相成，共同提高，最终构建一种教学相长的师生"双赢课堂"。

（二）课堂形态转化策略

课堂形态，也称教学形态，是指课堂教学的动态过程，主要包括导入、提问、展示、交流、合作、矫正、反馈、练习、总结等环节，体现了教师劳动的创造性、独特性和生成性。从培养高中生核心素养的视角去研究课堂形态，重塑适应新形势下课程改革的课堂形态，是促使核心素养落地的有效举措。变革、重塑课堂形态的本质不是弱化知识，而是用更生动、更深入、更灵活的方式强化对知识的学习。因此，课堂形态转变的方法策略是课题研究的关键所在。

1. 赢在理念——与新时代教育改革同频共振

第一，从认识上，要明确课堂改革是一场观念的革命。课堂教学改革不是对传统课堂的修修补补，而是对传统课堂的颠覆性改革，要树立崭新的学生观、教师观、课堂观和教学价值观。提倡这样的教育观，解放学生，发展学生；不唯师，只唯生；不唯教，只唯学；最终实现师生共同发展。提倡这样的学生观，学生是教育的主体，不放弃任何一个学生，从最后一个学生抓起，让每个学生都成为最好的自己。提倡这样的教师观，教师是学生学习激情的点燃者，教师是学生学习方法的传授者，教师是学生攀登知识高峰的引导者，教师是学生破解知识难题和人生困惑的点拨者，教师是课堂教学资源的整合者，教师是学生学习的服务者。提倡这样的课堂观，学习必须变成学生自己的事情，学习必须发生在学生身上，学习必须按照学生的方式进行。提倡这样的教学评价观，以学定教，以学评教，以学助教。

第二，从行动上，要迅速解决核心素养落地问题。当前的课程改革已从"知识核心时代"进入"核心素养时代"，以个人发展和终身学习为主体的核心素养模型，正在取代以学科知识结构为核心的传统课程标准，正在实现从"注重学科成绩"到"促进学生成长"的转轨。新时代的教学在于积淀学生的核心素养，要以人为本，尊重人性，解放学生的身心，真正实现教育对人的全面回归。

新时代的教师要更新教育理念，学习课程理论，加强自身素养，要在"核心素养"的引领下重新审视课堂教学，重塑课堂形态，打造生命课堂。教师教学要把真实生活带进课堂，还原学习的真实性和完整性，站在长远、终身且面向未来的立场培养学生。

2. 以学定教——精准设计课堂教学形态

（1）精备学情

课堂形态的变革不是标新立异，而是要回归课堂原点，捍卫教学常识。这个原点就是学生，教师要以学生的学习需要、成长需要出发，而常识在于"以学定教，以学评教，以学助教"。教师的教要根据学生的学而定，根据学生的个别差异而定，实行以学情定备课、以学情定目标、以学情定教学、以学情定练习、以学情定作业、以学情定考核。备课要从分析学生的认知起点做起，研究学生个性特征、了解班级学习基础、分析学业成绩情况、亲自做题体验、确定重点难点、定夺讲评方法等。唯有做好学情分析，才能做到以学定教，精准定位，因材施教，增强教学的针对性和有效性。

（2）精研素养

培育核心素养是落实"立德树人"教育任务的心智修炼或精神支柱。构建基于核心素养的课堂新形态必须做到精研教学中的素养因素。一是要分析教材，掌握图文，挖掘现行教材中相关学科核心素养培养的契合点，厘清其中隐含的核心素养要素。二是要剔除浮躁的教学，让课堂回归简单，精准对标学科素养的关键成分。三是要减少大量、机械的练习，增加学生对学习知识的体验。四是要创造性地使用教材，明确每一个章节、课时学科素养培育的具体目标，设计适合学生发展的教学流程。

（3）精准预设

预设与生成是课堂教学相辅相成的两翼。预设体现教学的计划性和封闭性，生成体现教学的动态性和开放性。现代教学观要把生成当成一种教学的价值追求，作为彰显课堂生命活力的常态要求，每节课都要创设精准、有效的预设。一是要有效预设课堂教学风貌，教师讲课要充满"精气神"，把信心带进课堂，把微笑带进课堂，把趣味带进课堂，把魅力带进课堂。二是要事先设计语气、手势、表情等体态语，对开场白、过渡语、结束语都要精雕细琢。三是要精心设计课堂动态过程，包括复习过渡、引入新知、创设情景、提出问题、建立模型、探索发现、归纳总结、得出新知、巩固运用、矫正反馈、反思小结、提炼规律等环节。

3. 生命课堂——促动教学形态"六个转变"

教育的目的应是向人类传送生命的气息。课堂应该是生动的、生活的、生成的、生态的和生命的。无疑，课堂是直接向学生不断传送生命气息，使生命延续、发展的最重要场所，是学生核心素养培育和养成的主战场。要通过课堂形态的转变，构建充满生命气息和活力的教学，建立师生共同发展的"生命场"，使师生在课堂上获得解放和新生，归还学生享有人格、兴趣、理想、尊严和幸福的权利，激发学生对自然、对生活、对生命的热爱，引导学生学会思考和生活，学会感恩和珍惜，学会探索和创造。

第一，从"教后学"向"学后教"转变，构建理念超前的翻转课堂是一种利用微课、视频等教育技术手段实现以学生为中心的课堂教学，其核心原理体现了从"以教导学"到"以学定教"的全新教学理念，其教学流程体现了由传统的"先教后学"方式到现代的"先学后教"模式的变化。主要做法是充分利用导学案这一重要载体，辅助于教室内智慧终端等教育技术手段，采用将学生自主学习前置的方式翻转教学流程。彻底颠覆以往"教师讲了，学生就会了"的传统观念和"教师备课，教师讲课，学生听课做笔记、完成课后作业，教师批阅"的传统流程。上课前，教师要依托教材精心制定导学案，导学问题重点突出、富有针对性。课堂上，学生依托导学案，以学习小组为单位，先行自学、思考、理解、练习后，小组内展开讨论、争议、质疑、互帮纠错、反馈矫正。在教学组织上，鼓励先学后教，以学定教，少教多学。从表面上看，翻转课堂只是教与学前后顺序颠倒了一下，但其中蕴含着传统教育观向现代教育观的根本性转变。

第二，从"满堂灌"向"精讲练"转变，构建精讲巧练的高效课堂教学的艺术不在于给学生讲多少，而在于唤醒学生的学习热情与欲望。彻底扬弃"满堂灌""拼时间""拼体力"等陈旧观念和行为，进行画龙点睛式的讲解或点拨。一是做好课堂时间管理，合理规划教学流程的每一分钟时间，摆布好课堂中"讲解、活动、训练、反馈和反思"的关系及时间分配，把课堂活动的时间、学生动脑动手的时间、合作交往的空间还给学生。二是讲解要做到"四讲四不讲"，讲重点问题，讲知识缺陷问题，讲易混易错问题，讲学生自学、讨论和质疑后还不理解的问题；学生会的不讲，学生不探究不讲，学生讲之前不讲，教师讲了学生怎么也学不会的不讲。三是作业布置要做到"四布置四不布置"，布置发展学生思维的作业，布置引导学生探究的作业，布置迁移拓展提高能力的作业，布置强化重难点的作业。不布置不能引发学生思维的"白开水"作业，不布置重复性的作业，不布置惩罚性的作业，不布置超过学生合理学习限度的作业。

第三，从"孤独学"向"互助组"转变，构建合作互动的活力课堂。传统教学的学生学习方式为孤独学或单一学，而高效课堂学习方式为对学或群学。传统教学的信息传递方式为一对多，而高效课堂中实现了多元化，既有一对多，也有多对一，更有一对一和多对多。教学中教师通过引导个体发言、同位商讨、小组讨论、同学辩论、教师点评等多维互动形式搭建平台，实现了课上互学、课下互助、师生互动、生生合作的多边活动形态。一是通过合作学习、质疑争辩、智慧共享，增强了学生的学习动机、端正其学习态度，提供了更多的参与机会，体现了不同的学习风格，融洽了合作者之间的关系，活跃了课堂教学的气氛，进而提高课堂教学的生命活力。二是教师点拨或精讲，抓住要害，明晰事理，以问题为案例，由个别问题上升到一般规律，以收到触类旁通的教学效果。三是要求学生在规定时间内独立完成导学案中的训练题，并及时了解学生对知识点的掌握情况。根据反馈结果，给予评价，及时矫正学生错误，并当堂进行针对性或补偿性限时限量训练。

第四，从"独白式"向"发现法"转变，构建自主探究的发展课堂。自主探究是课堂教学的灵魂和主线。改变单靠一张嘴的独白式、告诉式或讲解式的传统教学习惯和套路，引导学生自我矫正，以旧启新，主动质疑，自我发现，进一步培养问题意识，提高自主探究能力，使课堂教学成为一个发现问题提出问题、探究问题、讨论问题、解决问题的反复推进过程，使自主探究活动贯穿课前、课上和课后等学习活动的全过程。一是精心设计自主探究活动，创设与学生知识背景密切相关的问题情境，唤起学生的主体意识，激活学生的求异思维，引发学生的自主探究兴趣和欲望。二是引导学生自主制订探究计划，指导学生学习并掌握阅读、观察、调查、实验收集分析资料等多种探究形式和方法，让学生体验自主探究的过程。三是帮助学生养成自主探究习惯，通过课堂训练和课外实践，检测和反馈学生的学习效果，强化巩固探究习惯的养成。

第五，从"一言堂"向"百家鸣"转变，构建以生为本的魅力课堂。教育的终极目标是"解放学生"，使学生把握学习主动权，回归主体地位，焕发生命活力。改变以往"独裁式"、"一言堂"或"君临天下式"的教学形态，使学生成为教学的参与者、建构者和创造者，形成"百家争鸣"的教学局面，打造以生为本的魅力课堂。一是教师少讲，归还学生课堂话语权，使学生争当预习小名士、阅读小博士、发言名将、探索精英、推理明星、表达健将、构思神童、辩论大王、演讲首席、擂台霸主、解读英才、公关先锋、进步之星、发明专家、点评能手，等等。二是学生多说，给予学生展示、表现的机会和时间，通过学生讲、学生议、学生演、学生辩、学生评等活动，增加师生、生生讨论问题的机会。三是生生互动，在安排优秀生介绍展示的同时，要选择适当的时机让学困生积极参与活动，通过"兵教兵、兵练兵、兵强兵"等手段，增强学困生的学习信念，使其拥有学习激情、主动纠正错误、体验成功快感、享受学习愉悦、感受成长幸福，从旁观者变为参与者。

第六，从"痛苦学"向"快乐学"转变，构建激情四射的幸福课堂。幸福课堂首先要营造一种互相尊重、平等包容、宽松和谐、兴趣盎然的课堂学习形态，要呈现和谐之美，要洋溢幸福之情。一是尊重学生，要尊重学生学习实践中的多元感受，呵护学生在学习中闪现的智慧火花，给予他们自主发表独特见解的机会。二是善于创设情境，以情激境，以最好的境、最浓的情，形成问题，击中思维的燃点，唤醒学生的认知系统，提高学习效率。三是建立目标多元、方法多样的课堂评价机制，关注学生课堂学习过程的同时注重学习成绩和结果，重视学生学习水平的同时重视学生在课堂活动中所表现出来的情感与态度，帮助学生认识自我、建立信心、改进学习，使其在合作、讨论探究、互动、分享中，感受到被尊重的幸福、交流的幸福和成长的幸福。

4. 实践创新——构建师生发展"双赢课堂"

课堂形态的"六个转变"，促动教学相长的师生"双赢课堂"，催生了课堂教学的魅力嬗变。在积极参与、交往互动、共同发展的生命课堂过程中，师生的不断实践创新将成为教学形态变革的主宰和灵魂。

第一，随着核心素养的全面实施，课堂形态正在发生深刻变化，未来的教学将打破固定的课时安排，跨学科开展面向真实生活的主题学习。当前，一些新的课堂形态，如游戏、设计、创作、戏剧、绘画、游学等原本被忽视的学习方式将会焕发出勃勃生机。这些教学形态更加真实、自然、综合，更加符合核心素养引领下的育人实际，不仅有助于学生在完整的情境中完成知识习得，而且提升了学生运用所学知识解决实际问题的能力。未来的课堂将把知识学习与社会实践、社区服务、参观考察、研学旅行等结合起来，构建以面向真实、富有个性深度体验为特征的创新课堂，让学生的学习成为"建构世界""探索自我""结交伙伴"的三位一体的实践，将是一种充满智慧、耐心和人文关怀的教学。

第二，"6+2"教学形态所达成的师生"双赢"目标，体现了课题研究活动对教师专业发展的助力作用。一是教师将主动关注学生发展问题，践行以学生为中心的"生命课堂"，研究学生如何尽快适应新的课堂形态转型，并及时给予指导和调整，更好地为学生的素养提升服务。二是教师"主动专业发展"成为一种新常态，坚持学习状态，提升专业状态，改变工作状态，更加自觉地更新教育理念，开展课题研究，追求教学艺术的最高境界。

二、"6+2"课堂教学模式在高中数学中的应用

（一）"6+2"教学模式内容

高中"6+2"课堂教学模式，"6+2"课堂的基本形态，是由两部分组成的，第一部分是"6+2"课堂模式中的"6"，是指课堂教学中依次进行的六个环节，包括"导""思""议""展""评""检"6个教学环节；第二部分是高效"6+2"模式中的"2"，谓之"练、温"。练，就是练习；是在新课后或者课后自习中进行的一个教学环节，是为迁移运用。温，就是温习；是在学习完课程后，学生自主温习，教师进行答疑的环节。

（二）教师设计课堂教学的6个环节

1. 导

即导入、导学。时间4分钟。导入就是老师用简洁明快的语言或者媒介图片，开门见山，实现旧知向新知的导入；导学就是告诉学生这节课学习的目标是什么，重点、难点在哪里，要求解决的问题是什么。

2. 思

即自主学习，自读、深思。时间8分钟。学生要认真看书，独立思考、深入钻研。在这个环节，老师要密切关注每个学生的自觉性，确保每个学生精力高度集中、紧张、高效。

3. 议

即议论、讨论。时间8分钟。小组合作，学生通过相互交流，激活思维，互帮互助。小组合作学习是课堂的重要组成部分。各个班级根据学生学习的基础不同，从学生不同的知识结构、学习成绩、学习风格等来优化组合。按照"组内异质，组间同质"的原则分成六个小组，每小组人数根据班额大小有的班级是4~5人，有的是6~7人左右。桌对桌、面对面，以便于学生分组、交流、合作。组内合理分工，明确职责。在预习阶段，教师根

据所学内容，以教学目标引导同学们阅读文本、查阅资料、做预习笔记，为展示课做准备。预习时也有讨论，重点解决基础知识问题和寻找、确定难点问题。

对于学习好的同学，则是准备展示时突破难点的方案。课堂讨论使课堂气氛活跃了，同时也给教师控制课堂秩序带来了困难，很容易使课堂教学产生看似热闹实则混乱的局面。这就需要建立一套"活而有序"的合作常规，并通过训练使之形成习惯。

抓好学习小组建设，这是高效课堂模式的助推器。构建学习小组是进行合作学习活动的组织前提，组内的成员也可以一起围绕不懂的数学问题进行讨论，进行"头脑风暴"，这样不仅能让每个同学都有参与感，让他们在这一过程中真正地去思考，也可以让他们对于数学的学习提高兴趣。具体的操作步骤如下。

第一，根据"组内异质，组间同质"的原则，根据学生学习的基础不同，从学生的学业成绩、智力水平、学习风格、个性特征等来优化组合，分成若干个小组，分上、中、下三层。

第二，小组内设小组长。小组长的主要职责是对本组成员进行分工，组织全组人员有序地开展讨论交流、动手操作、探究活动。

第三，组内合理分工，明确职责。教师应根据不同活动的需要设立不同的角色，并要求小组成员既要积极承担个人责任，又要相互支持、密切配合，发挥团队精神，有效地完成小组学习任务。

第四，注重小组长和组员的培训。教师课前培训组长，让他们了解这堂课的整体设计、目标要求，如何组织小组讨论，讨论哪些重要问题，小组推选哪位同学展示和点评等。课前培训的过程就是培养学生学习能力的过程，老师们要高度重视，确保每节课前都要有培训且培训效果好。

任课教师要创新培训方式（如小纸条、课代表自主培训等），提高培训效率，少占用学生学习时间。小组长对小组成员进行课前培训。教师课前培训后，学科小组长要和学习小组组长一起对下一节课小组成员的学习任务、形式、分工进行阐述，调动每一个学生学习的积极性，对如何讨论、如何展示、如何点评，每一个人要达到什么样的学习目标，如何检测目标的达成等都要有明确的要求，确保课堂学习中目标明确、行动迅速，保证课堂高效。

第五，教师在小组合作学习中的作用。教师在课堂上，只起到"点拨"和"引导"作用，要"消失"在课堂上，成为学生发展的推手，做点燃学生的"火炬手"。

4. 展

即展示。时间8分钟。学生在课堂上口头激情展示，要求迅速、清晰、规范、大声。

通过问题展示，最大限度地暴露学生在自学和讨论中存在的疑点、误点、盲点，让更多的学生获得解决问题的方法和思路。

展示交流阶段（交流）：学生展示、交流自学的成果，并进行知识的迁移运用和对感悟的提炼提升。这是一个生生、师生、组组互动合作的过程。各小组在全班展示、交流自学成果，阐述自己的观点和见解，同时提出问题并讨论。通过各组对不同任务的展现提升，其他组的同学分享他人的成果，同时受到一定的启发，课堂学习的效率与质量就有了很大的提高。在展示阶段，一般是在教师指导下，首先进行小组展示，交流预习成果。在小组讨论中，每一个学生的思维都积极地投入，除了接收信息之外，更多的是带着怀疑的心态去思考，其反应除了听之外更多的是赞许、补充、质疑。然后是全班性的展示，同学们争先恐后争取发言机会。发言的人慷慨激昂，精彩纷呈；其他同学凝神倾听，聚精会神。对每一个学生而言，他们感到讲的人或听的人与自己是平等的，没有什么权威可言。尽管学生的知识基础、认知程度各不相同，学习的深度各不相同，但是通过展示，每个人都把自己最美的一面展示出来，日积月累，自信心得到了培养。

通过讨论，每个人都展示了自己。除了知识、技能的熟练和提高，更重要的是满足了学生强烈的表现欲，这也是学习积极性的重要源泉。根据美国著名社会心理学家马斯洛的动机激励理论，人的基本物质需要满足之后所追求的主要是精神需要而自我实现和自我成就的需要是最高的精神需求，其中自我表现欲是自我实现需求的重要内容。讨论是课堂走向自主必不可少的重要手段。

展示内容的选取：一是简单的问题不展示，无疑问的问题不展示，展示的是重点问题、难点、有争议、一题多解的问题，能拓展延伸，提高学生能力，开发学生潜能的问题；二是选取有价值、有代表性的问题进行展示。老师根据问题汇总的情况给各学习小组分工，让各组展示。每个小组分配任务的多少应根据题目的难易来确定。学生在展示、点评、质疑时，要做到脱稿或半脱稿。

在学生的展示质疑点评中，教师要融入学生的展示点评中，要当好导演，善于启发和引导，要善于捕捉时机进行评价、追问、点拨。点拨要"要言不烦""不愤不启""不悱不发"，"点"要收到"画龙点睛"的效果，"拨"要达到"拨云见日"的目的。教师的点拨，一是针对展示点评，肯定值得借鉴的地方，指出存在的问题；二是对展评中模糊不清的疑难，做出准确的答复；三是对重难点问题进行点拨讲解，归纳方法、规律，老师点拨的语言要简练，点拨要直奔问题，开门见山，直击要点，点深点透；四是要对主讲的、补充的、质疑的、听讲的等各方面的学生全面关注和调控，及时对个人、小组予以评价。老师的讲被限制在20分钟内，这就要求教师非常明确讲什么、点拨哪里，要清楚何时点拨、点拨什么内容（易错知识点、易混知识点、方法、规律、知识结构、注意事项、拓展等），做到"三讲三不讲"。

"三讲"：易混点，易错点，易漏点。

"三不讲"：学生已会得不讲，学生能学会的不讲，学生怎么也学不会的不讲。

教师还是课堂上的组织者和协调者。要关注学生参与的广度和深度，要让每堂课学生参与面都在100%以上。

5. 评

即老师点评拓展总结。时间8分钟。这个过程是"打扫战场"，老师讲的是规律，讲的是思路，讲的是方法并总结得出正确的结论。

6. 检

检就是当堂检测。时间4分钟。检验本节课目标落实的怎么样，了解学生掌握了哪些知识和技能等。

（三）教师设计课堂教学的"6+2"中的"2"环节

1. 练

定时练习，巩固所学。这是"6+1"模式中"1"的体现。这个环节让学生更好地实现从懂到会，从会到用的过程。利用课堂进行限时练习，时间是5分钟，也可以是课后练习，老师全收全改，第二天老师不评或3~5分钟点评，学生若有疑问，课间问同学或老师，错题自己自觉订正，老师不定期检查。

学生学习的5种方式：①自学，学生根据教师的导入、导学，认真自学本节课的内容。②质疑，通过自学检测，认真思考，发现问题、提出问题，找出知识及学习方法上的问题和困惑。③讨论，对形成的问题及困惑，小组内合作讨论、交流，发现问题、解决问题。解决不了的问题由小组长记录。④展示，对于小组讨论形成的共性问题，或者是重难点问题，由学生代表在全班进行展示交流，教师点拨。⑤自评，学生对本节课已经掌握的内容、方法，学习过程中形成的知识体系，内在规律性予以总结，对过程中的错误着重标明，对知识的不足进行强化训练。

2. 温

这个环节的主体是学生自己，"温"就是"温习"；在数学的学习过程中会有许多的公式、理论、条理等理论知识是需要不断的温习并熟记的，还有一些错题，也需要反复温习，找出当时做错的原因，找到同类题型的解题思路，通过温习真正地把每一个知识点掌握。

　　教师的角色重点在导，导的预设要靠教师通过"三研两备"设计出学生学习的路线图即导学提纲，这项工作为保证质量要提前一个星期就开始实施，先是教师研究教材、研究学生后独立备课，拿出导学提纲手写草稿，然后在每天一次的备课组集体备课中，按照先年轻教师后年长老师，先普通教师后骨干教师的顺序进行讨论补充，经过修改完善后，成型的导学提纲下发给每科老师，然后各个老师再根据学生情况和个人风格进行修改最终定稿。通过读书学习我认识到教师的角色重点在导，在课堂上的导一定首先要相信每一位学生，相信有30%的学生能通过在"思"环节教师设计的路线图学会75%的知识点，相信有30%的学生能通过在"议"环节学会75%的知识点，相信有30%的学生能在通过在"展"环节学会75%的知识点，相信85%的学生能通过在"评"环节学会90%的知识点。只有教师相信学生，教师才不会在学生思考环节，不断提示学生进而不断干扰影响学生独立学习。只有相信学生教师才会在评议环节根据教学预设放手让学生讨论8分钟。只有相信学生教师才会在展示环节只设计展示本节重点、难点内容，而其他非重点内容教师可以只字不提。只有相信学生教师才会放心大胆在评议环节精讲本节重点、难点、易混点。看来相信学生是教师在"6+2"高效课堂中先要解决的重要问题，尤其是那些极度负责任，多年来形成自己教学风格的骨干教师。

　　"6+2"教学模式，学生的角色就是课堂真正主人，是课堂的主角，先是在"思"环节，学生根据老师下发的导学提纲、学习路线图，可以不受干扰地独立学习15分钟，在"议"环节，学生可以和小组其他同学尽情学习，你问我答，你讲我听，围绕本节通过同学间的合作来强化重点知识，突破难点知识，辨析易混点，在这个环节学生可以独立学习8分钟，在"展"环节学生可以通过黑板和电子白板展示每个人的解决问题的思路，通过停顿或出现问题超过3秒钟，通过规范用语，"我纠错""我补充""我质疑""我挑战"，其他同学就可替换原来展示同学进行展示，在这个环节学生可以独立学习7分钟。在前面的三个环节中，学生已经对知识点学习了三遍，在点评环节，教师通过精讲7分钟，让学生第四遍学习相关知识点。学生的学代替了教师的讲，课堂上每位学生都动起来，那些昏昏欲睡的学生，那些课堂上"三闲"多的学生肯定大大减少，甚至不见了，在最后的练习环节，学生通过限时训练，再一次强化对本节相关知识点的掌握，这样的学习肯定是高效的。

　　高效"6+2"课堂教学模式将课堂的主角从教师转变为学生。课堂上能让学生表达；能让学生做结论的，尽量让学生做结论。让每个学生都参与到课堂教学中来，发表出自己的见解，让学习的过程由枯燥变得生动，解决了学生打瞌睡、注意力不集中等问题，使学生学得快、记得牢、效率高，从而提高教学质量。究其根本，是一种生本教育理论和模式的实践，是由以教为中心向以学为中心的转变，是让学生变"学懂""学会"为"会学""会用"。

以上就是"6+2"课堂教学模式在高中数学中的应用，其实每个班级的情况都会各不相同，教师可以结合这种模式因材施教，让学生更加主动地去学习，让他们自己能够在数学的学习中发现快乐，这样才会发挥"6+2"课堂教学模式在高中数学中的应用效果。

第四节 高中数学教学模式的创新探索

一、基于"趣、理、用"三维目标的数学教学

（一）理论概述

1."趣、理、用"三维目标

美国当代著名的心理学家布鲁姆在原有的知识、技能与情感的目标分类理论基础上，提出了新课程的三维目标是知识与技能目标、过程与方法目标、情感态度与价值观的目标。而本研究中的"趣，理，用"的三维目标是在课程三维目标的基础上，根据中等职业学校数学课程的特点，结合中等职业学校学生的实际情况来进行定义的教学目标。其中，数学的"用"是教学的出发点，也是最终的目的；数学的"理"是教学的基础，也是数学的核心；而"趣"是实现教学的途径和方式。目的是通过"趣、理、用"三维目标的教学模式，让中等职业学校的学生感受到数学"有趣、有理、有用"。研究者主要把三个维度"趣、理、用"的含义分为以下三个方面来理解。

"趣"，指使人感到愉快，有主动获得之意，有快乐、分享的味道。"有趣"的意思，多指某事或物对你很有兴趣。有"有味""生动""富于变化"等含义。本文中的"趣"指的是"有趣""激趣"的数学教学方式或教学内容。在教学过程中，教师所创设的内容或方式应该是有趣的，能够激发学生的学习兴趣和探索欲望，能够愉悦学生的情感，能够让学生积极地思考，能够让不同基础的学生都能最大限度爱上数学。研究者认为可以是有趣的信息，有趣的教学手段，有趣的教学环境，有趣的数学老师，等等。

"理"，指物质本身的纹路、层次，客观事物本身的次序；也有"事物的规律，是非得失的标准"等含义。引申义，顺着事物的内部道理做事，顺势而为。"合理"指合乎道

理或事理。也指合乎个体与整体发展的规律。这里的"理"指的是"有理"就是数学的本质。在教学过程中，教师所讲授的内容应该是科学的、合理的、符合数学学科知识本质的。如果脱离数学的本质，没有数学味，那就是不合理的。

"用"，指使人或物发挥其功能，用途，作用。"有用"指有功用，常常指对自己物质上有帮助或者能带来实际利益的物体，人或事件。这里的"用"指的是"有用"的数学问题，体现数学应用功能的问题，也可以理解为是让学生感到数学是有用的教学方式。研究者认为"有用"在这里可以分为两方面：一是对本堂课的课堂教学传授知识有作用；另一种是通过设计与学生直接相关的生活或专业上的问题，能让学生感受到数学是"有用"的学科。使得学生所建构的知识能在实际中运用、拓展，从而生成新的知识、获得认知发展。

基于"趣、理、用"三维目标的高中数学教学模式强调的是教学设计时的目标和要求。"趣、理、用"三维目标比新课程的三维目标更微观、更具体，将成为选择教学材料，勾勒教学内容，设计教学方式，形成教学步骤，制定评价方法的标准，更符合中等职业学校数学课程的教学需要。在高中数学的教学过程中，通过创设让学生感兴趣的，与数学课堂知识相关联的，与学生学习生活实际中的应用相联系的，对教师的教学和学生的学习有用的、合理的教学内容和方式来组织数学教学。

2. 布鲁姆的目标分类理论

20 世纪五六十年代，课堂实施的依据就已经是教育目标分类理论，这是该理论的创始人及代表布鲁姆提出的，当年他出版了书籍《教育目标分类学：认知领域》。书中提出了教学目标，并将其分类为：知识、技能与情感，成为 20 世纪影响最大的四本著作之一。我国结合自己国家的教育实际情况，根据目标分类理论，在此基础上提出了新课程的三维目标，也就是知识与技能目标、过程与方法目标、情感、态度与价值观的目标。三维目标的提出，强调了要引导学生努力形成积极的学习态度，主动的探知精神。改变过去只是重视传授知识的做法，让学生在学习知识的过程中学会学习、学会感知，形成正确的价值观。这个重要的理论对新课程的改革起着至关重要的牵引作用，是否能够保质保量的落实或者落实的程度及效果如何，直接影响着新课程改革的成效。对于这个新课程的理解，可以认为其中的亮点或创新点应该是"情感、态度与价值观"。而情感目标主要指接受或拒绝情调与情绪的程度目标，态度与价值观目标就是指情感实现的程度。在表示这一目标时，通常会用类似于态度、兴趣、情绪、意向和价值观等词语。"知识与技能"的目标是为了更好地处理传授知识与培养能力之间的关系问题。教师进行教学设计时应当选取相对简单，容易操作、便于实践和使用的具有代表性的知识类型，以便于教师的传授。"过程与方法"的目标指的就是如合作学习、探究性学习、自主学习等用来实施教学过程的相关的教学方法或学生学习的方法。

布鲁姆的目标分类理论为本研究中涉及的"趣、理、用"三维目标的定义提供了强有力的支撑。"趣、理、用"三维目标是与布鲁姆提出的目标分类学中的情感领域、认知领域和动作技能领域相对应的"趣、理、用"三维目标中的"理"主要对应目标分类学中的"知识","用"对应目标分类学中的"技能","趣"对应目标分类学中的"情感""趣、理、用"三维目标的制定,立足于目标分类学,根据中等职业学校的课程设置特点,结合中等职业学校的学生的实际情况。其中,数学的"用"是教学的出发点,也是最终的目的;数学的"理"是教学的基础,也是数学的核心;而"趣"是实现教学的途径和方式。目的是通过"趣、理、用"三维目标的教学模式,让中等职业学校的学生感受到数学"有趣、有理、有用"。"趣、理、用"三维目标比新课程的三维目标更微观、更具体,将成为中等职业教师选择教学材料,勾勒教学内容,设计教学方式,形成教学步骤,制定评价方法的标准,更符合中等职业学校数学课程的教学需要。

(二) 基于"趣、理、用"三维目标的数学教学模式研究

面对目前高中数学教学中的学生基础差,数学课堂沉闷,教师苦恼的现状,作为高中数学的教师,应该转变教学理念。高中数学的教学不能变成普教化,中职数学的教学应该重视"应用性"和"趣味性",不能一味地追求数学的"严密性"和"抽象性",让数学变得枯燥难懂。教学中,应该要与学生的生活实际相联系,与学生所学的专业知识和技能相联系,要让学生学有兴趣,并且学以致用。实现让每一个学生都能学到必需的数学,学到有用的数学,并且还能在数学上有不同的发展。要关注高中生的情感因素,调动学生的学习积极性、求知欲望和职业自信心。要明确高中数学为专业课程服务的理念,明确数学课程的目标,重构高中数学的教学内容,改变高中数学的教学方式,调整高中数学的学习评价方法。

1. "趣、理、用"三维目标结合的教学内容开发

(1) 教学内容开发的目标

在高中数学内容的开发上,首先要确定高中数学课程的任务。中等职业学校的数学教学,其主要目标是传授给学生所必需的基础数学知识,提高学生的数学分析能力,适当训练学生的逻辑思维能力,以及能应用数学解决简单的实际问题的能力。同时也要为高中生顺利的学习专业或直接就业,接受继续教育或转换职业等未来个人的发展提供一定的基础。对于高中数学的教学,应该秉承着以"用"为出发点,以"理"为基础,以"趣"

为实现的途径来设计。要综合考虑数学课程在高中的作用，设计时要基于"趣、理、用"三维目标，兼顾数学的生动性和趣味性、实用性和适用性，还要考虑数学的逻辑性和严密性，让高中生在学习中感受到数学的"有趣"、"有理"和"有用"。

①教学内容要"有趣"

为了激发高中生学习数学的兴趣，可以创设有"激趣"作用的情境。"趣"可以理解为"有趣"，也可以理解为"激趣"，为吸引学生的注意力，激发学生学习数学的兴趣和主动探究的欲望，我们创设的教学内容应该是有趣味的、有目的的、有诱发作用、有挑战性的。"好奇是形成兴趣的直接诱因"，创设新颖、奇特而有趣的、有诱发作用的教学情境，可以有效地引起学生的好奇心和强烈的求知欲，由此改变怕学数学的情况，增加高中生学习数学的兴趣，减少他们对数学学习的恐惧。

高中学校的数学教学的材料或活动，必须是学生感兴趣的。所创设的教学情境要求能够有效激起学生的认知冲突，或者造成学生的心理悬念。并以此来激发高中生感兴趣的去思考，引发学生积极的求知欲望。激发学生的学习兴趣是创设高中数学教学情境的最重要的要求。可以考虑从以下几个方面来达到"趣"的维度。在创设的内容上，要丰富多彩并且有吸引力，使学生爱看、爱听、爱想、爱问。教师可以创设时兴的新闻、电影、媒体、网络资讯、故事等……在创设的形式上，要新颖、新奇。让学生获得充分的新的感知，有效地激发学生的兴趣。

比如可以创设游戏类情境、生活问题的情境、悬念故事的情境……在创设时要生动形象、言简意赅、事半功倍，让学生有真实感和亲切感，善于理解其意。在教学的实施中，还可以加上富有变化而有趣的教学手段、幽默的数学教师、趣味的教学环境，等等。在这样模式的教学中，高中生才能产生积极的、向上的情感体验，才能刺激他们产生学习数学的兴趣与热情。

②教学内容要"有理"

数学是一门逻辑性强又极其严谨精确的学科，"理"指的是"科学性""合理性"。在教学过程中，教师设计的内容应该是科学的、合理的、符合数学学科知识本质的。数学教学的问题要具备教学的目的性、内容的适宜性和新颖性。紧扣教学内容，凸显学习重点，充分挖掘数学学科自身的魅力。如果只为教而教，脱离数学的本质，没有数学味，或者不合数学的逻辑，那就是不科学、不合理的设计。

③教学内容要"有用"

让教学中的数学源于现实、寓于现实并用于现实是荷兰的数学家弗赖登塔尔提出的主张。教学内容设计中的"用"，研究者有两方面的理解：一种是通过创设与学生生活直接相关或与学生所学的专业相关的问题作为教学内容，通过利用数学解决专业中的问题、生活中的问题，让学生感受到数学是一门"有用"的学科。数学在很多不同的领域上都有不同的应用，包括科学、工程、医学和经济学，等等，创设与实际相结合的教学问题，使得学生所建构的知识能在真实的情境中运用，通过拓展生成新的知识，从而获得认知发展。学习的内容越接近于学生的生活及所学专业，学生就越容易感受到数学的用处，对数学的接纳程度就越高。

另一种理解是对课堂教学传授知识有作用的、有效的。试想，如果高中数学课堂中，设计的教学内容不能突出学习的主题，与教学目标不一致，导致课堂中的学习时间还有学生的思维等过多地纠缠于无意义的人为设定的情境中，设计的问题对数学知识的学习起到的不是促进而是干扰作用，那么课堂教学就无效了。从思维发展的自然性来说，教学内容的创设，应该朝着引导学生学会提炼其中的数学因子的方向去努力，寻找相关规律。更要关注的是，能否引发学生自然的思维和自主的探究，更讲求教学内容设计的有效性。

（2）教学内容开发的原则

高中数学教学内容的设计应该在基于"趣、理、用"三维目标的基础上，突破传统理念的束缚，树立"以生为本"的服务思想，大胆创新，突出高中数学"实用、够用、生动"的原则。根据职教特点、学生实际、专业需要、能力要求等将数学内容加宽、加深、加实。既要面向全体学生的因材施教，又要为满足其他后续课程的学习和部分学生继续升学深造的需要。可穿插使用国家教材为主，地方教材和校本教材为辅的教学，使数学的教学内容更加贴近当地的社会、经济和生活实际，更加贴近本校学生所学专业的实际。

①从学生的基础出发来设计教学内容

传统的教学观认为教材至上，教师上课时要以教材为主，但事实上，不同的学生基础不同，专业不同，相同的教材，千篇一律的设计是不符合学生的需要的。在设计数学教学内容时，对于升学为主的学生，要注意知识的衔接，从低起点开始，问题设计呈现一定的梯度，增加学生学习的信心，比如中职学生比较怕的三角函数的学习，要让学生从简单的低起点的内容开始，从小于周角的角到任意角，从特殊的三角函数到一般的三角函数。对于就业班的学生，教学时要多设计合理有趣的情境，与专业结合的情境来激发学生学习的兴趣，落实数学的基础知识。

②以所学专业的需求来设计教学内容

高中学校的数学课程是基础课程，数学的教学要为学生继续升学奠定坚实的基础，更要为专业课程的学习和职业的需要服务。对于升学班的学生，要注重落实高考的数学考试要求，还要有侧重点的讲解专业理论学习中需要的数学知识。对于就业班的学生，要合理调整数学教材中的章节顺序，以避免专业课学习需要时数学内容还没上的情况。要有目的地删减、改变教学内容，符合专业学习的需要。比如机械制图中经常用到立体几何的知识，而数学中的立体几何学习安排在高二，机械作图却在高一，所以应该合理的调整章节顺序，为更好地服务专业。

③以学生数学能力需要设计教学内容

数学是一种知识，一种技能，也是一种文化。生活中、工作上、科技领域，处处都渗透着数学的知识和思想方法。数学是基础工具，它的内容、思想和方法成为现代文化的重要组成部分。很多高中生在未来主要成为企业里的技能型人才，技能型人才是指在生产和服务等领域，掌握专门的知识和相应技术，具备一定的操作技能，并在工作实践中能够运用自己的专业技术和职业能力进行实际操作的人员。所以在高中学校，数学教学对于学生的作用是实用知识，思维训练和文化素质。高中的学生需要具备多方面的数学基础应用能力，数学教学应该根据学生数学基本能力的需要来设计教学内容。因而可以将数据处理、概率统计、逻辑推理等作为教学内容重构的一部分，注重培养高中生的数学应用能力，也进一步体现数学的实用性。

2. "趣、理、用"三维目标结合的教学方式设计

(1) 结合数学史实、生活实际拓宽数学的"厚"

结合数学史实和实际的生活，可以让学生们更加直观地感受到数学的魅力与实用性，从而提高学生的兴趣，这也是以"趣"为教学方式的表现。同时数学史实里也有很多"理"，这也为学生们的学习打下了理论基础。大量的史实凸显出数学的实用性，这也正是学生们学习数学的意义之一。

数学史或数学故事，对于数学教师来说，应该是用来作为数学教学的一种必备的知识，荷兰的数学家和教育家弗莱登塔尔曾这样说。数学教学中，采用数学史料和生活实际的问题创设情境来拓宽数学的"厚"，不仅可以激发学生的学习兴趣，让学生知道数学的由来、发展，还能让学生感受数学的应用，帮助学生加深理解数学，培养学生的数学文化素养。

数学史料中因为蕴含了数学家的思维、方法等，所以在高中数学的教学中有很好的促进作用。数学教学中，如果恰到好处地运用数学史，可以改变数学原有的枯燥和乏味，变得通俗易懂，吸引学生的注意力，还能加深学生对概念的理解。但是应用数学史进行数学教学时，对教师的专业素养要求也很高，需要提前选择和准备能与数学知识相结合的、符合学生喜好的、合适的数学史。关于数学史的教育价值，华东师范大学教授汪晓勤曾做过总结，其中也涉及学习兴趣激发，数学观的改变，欣赏数学，了解数学的认知和发展过程

等。教学中，引入数学史的主要目的是让学生感受数学家们遇到问题时的思考、分析和解决的过程，了解数学家的思维与研究，学习数学家的刻苦钻研的品质，从心灵深处受到感悟。

数学的教学除了可以结合数学史实，还可以结合生活实际，以此来拓宽数学教学的"厚"。伽利略曾说过："大自然的书是用数学写成的。"数学在生活中处处可见，与生活息息相关。数学从生活中来，又可以用来解决生活中的问题。教学中要尽可能地结合学生的现实和生活，让学生认识到数学与生活的联系，以及数学在生活中的应用。

将数学史知识或者生活实际的问题融入高中数学的教学中，可以有效吸引学生，加深学生对数学的理解，培养学生的数学情怀。但是，选用时要注意恰当、合理，否则会适得其反、画蛇添足。创设数学史或生活实际时，应遵循有针对性、可接受性、趣味性、可行性原则。所选取的史料或实际问题是针对教学需要，能融入学生的学习，为教学内容服务，有趣、有理、有用的。创设数学史料或生活化的教学情境，目的是可以使学生迅速进入探究角色，激起学生探索的欲望，让学生亲身感受数学知识的发生及解决的全过程，体会到发现数学，应用数学的乐趣。

（2）通过设置悬念、数学游戏营造数学的"活"

数学要教给学生们的不仅仅是书本上的知识，其实更多的是一种缜密逻辑思维，很多学生其实对于数学的学习不上兴趣，并不是他们真的不喜欢，而是没有掌握到学习数学的方法，所以教师可以通过设置悬念，使得课堂教学更加生动，学生的兴趣被激发起来，才会有继续探索下去的欲望和动力，这也是"趣"的体现。

教育家孔子曾经说过："不愤不启，不悱不发。"这句话的意思就是说教师要善于创设情境，引导和启发学生进行积极主动的思维，解决学生的学习兴趣和教材理解上的矛盾。悬念是为了激活人的紧张的心情或期待的心情而采取的一种积极的手段。其中包括"设悬"和"释悬"两个环节。所以教师要善于设置学习悬念，来激发学生的学习兴趣，激活学生的好奇心。因为好奇心是人类普遍的一种心理现象，所以教师可以抓住学生好奇心强的特点，利用高中生还未知晓的数学的相关规律、公式法则、定理关系等作为悬念来创设学生感兴趣的新奇的情境，充分展示数学的神秘的地方，在悬念中把知识的非凡的魅力呈现出来，这样就可以激发学生学习的兴趣和积极探求知识的热情。但是教师创设悬念时，要充分考虑适用，适度以及有趣的原则，要尽量符合高中生的年龄特征和兴趣爱好。悬念虽然能激发学生的学习兴趣，但是使用的次数太多，并非好事，学生会慢慢失去兴趣、好奇心和探究的欲望，这样就背离了创设悬念的出发点，失去了创设悬念的作用。

在教学过程的各个阶段，为了达到充分调动学生学习积极性和学习兴趣的效果。还可以通过组织游戏或竞赛来创设教学情境也能做到激发学生学习兴趣和探究欲望的效果。游戏，从心理学的角度分析，它具有"自发性"、"体验性"、"趣味性"与"竞争性"的基本特征，它能直接刺激大脑进行积极思维，还能让学生通过亲身实践真切感受到发现和成功的快乐。数学游戏，是在游戏中融入数学问题，让数学的知识、方法和思想，在游戏中实现感知，从而达到知识认知与情感认知共同提高的目的。数学教学游戏，应该具备一定的趣味性和娱乐性，蕴含数学原理和数学的思维方法，生动、难度适中，具备广泛性和可操作性、竞争性和激励性。数学游戏可以提高学生的注意力、观察力、想象力，激发学生求知的欲望，学习数学的兴趣和积极进取的精神。同时，合适的数学游戏的设计可以实现活跃课堂气氛的目的，为学生创造主动思维的情境，互助合作的机会。而且还有利于加强师生间互动提高的关系，促进更加紧密的交流。如果能够选取合适的素材，准备合理的数学教学游戏，那么它的作用是相当丰富，可以让师生通过游戏，不知不觉中完成教学任务，促进教学相长。

（3）借助信息手段、新兴技术开创数学的"新"

应用信息手段，课堂教学更加生动，活灵活现，学生的兴趣提高，老师们可以更好地讲述"理"，同学们也能在这一过程中收获很多，从而真正能够将数学运用到实处。

随着信息技术的飞速发展，信息技术也被逐渐应用到各个领域，信息技术与课程教学的融合实现了从传统教学模式朝着信息化新型教学模式的转变。这种转变可以让学生在课堂中保持积极乐观的心态，促进课堂教学的效率。在高中数学的教学中，合理利用信息化手段辅助教学，可以优化数学课堂，改变一支粉笔一节课的授课方式，提升课堂知识容量，用形象、直观、生动的图片、动画展现抽象、枯燥的数学，可以降低数学知识的理解难度，有效激发高中生学习欲望、学习主动性和积极性，从而达到事半功倍的效果。

作为教育者应该合理运用多种信息技术手段来整合课程的教学。比如使用数学学科软件几何画板、几何图霸等来绘图、进行数据的处理。多媒体中有声音、色彩、图像等，这些是引起学生注意力的关键。形象生动，直观丰富的教学是计算机多媒体辅助下的优点，它能让抽象的数学变得直观，有助于学生理解和感受，特别是对抽象能力薄弱的高中生学习数学，起到了有效的辅助作用。使他们平稳而又自然地掌握数学知识，帮助他们化解学习中的难点。同时还能激发学生的学习兴趣，感受数学的有趣和活力。

借用信息技术、多媒体手段来设计数学的教学情境，通过直观生动的画面替代抽象的数学符号，可以有效地激发学生的学习兴趣。但是应用时也要注意合理、适时，过多地采用信息技术容易引起教师关注多媒体的使用而忽视课堂的主体——学生的生成情况，有些学生仅仅因为好玩、好看而变成就坐着观赏不去思考的安逸心理。所以教师应该在把握数学教授内容的基础上，充分考虑学生们的情况，提前了解学生的基础和认知水平，结合学生的需要来进行教学的设计，辅助合适的声音和画面或精美的动画，吸引学生的兴趣、激发学生的思维，以此营造数学教学的"新"，从而真正地起到辅助数学课堂教学的作用。

3. "趣、理、用"三维目标结合的课程学习评价

课程学习评价是指教师对学生学习过程中的表现、知识的掌握程度的客观评价。它可以为教师提供必要的反馈信息，作为改进教学目标、优化教学方案、促进学生发展的有效手段。但是传统的评价方式比较单一，评价的形式少，只注重结果的评价，学习过程中的评价明显偏少。越来越多的教育研究者认识到，在传统的教育教学中，习惯以教材、教师、课堂为中心的评价已经不适宜，教学评价的对象应该转向"以学生为中心"。理想的课程学习评价要因人因地而宜，要根据不同的学习，不同的专业培养目标以及不同的教学任务做出相应的调整和改变。所以在基于"趣、理、用"三维目标的高中数学的教学中，要改变以往"以考代评"的评价方法，以考试作为唯一的评价方式不够客观公正，评价时要注重方式的多样性，从更多的角度，采用更多的形式衡量学生的学习效果。

（1）课程学习评价的制定原则

学生是一个独立的个体，性格、心理特征、认知水平都会有不同。在高中学校数学课程的教学中，本着"以学生为中心"以学生的直接就业或继续升学的培养目标为导向，紧密围绕高中学校的人才培养方案、注重过程与能力的考核来制定课程学习的评价原则。

①评价的对象以学生为主体

课程学习评价应该立足任教的学生，帮助学生能够及时调整学习的方法、反思学习的过程。进一步引导学生主动通过评价去改变学习态度、积极学习数学、提高数学能力。在课程学习评价中，要充分体现学生的主体地位，以学生为主要评价对象，不能实行"一刀切"，要以学生综合素质的发展，学习能力的提高作为出发点，要符合学生的个性特长、生活背景，注重发展和变化的过程，把形成性评价和总结性评价相结合。

②评价的内容系统全面

高中数学的课程学习评价改变了原来单一的以一次考试的分数高低来判定学生优劣的方式，而应该系统地对学生的学习习惯、学习能力、思维方法、学习的过程和结果等做全面的、有效的评价。尊重学生、引导学生、发展学生和激发学生，以学生学会学习、学会应用、学会思考为目标。

③评价的形式多样多元

根据学生的差异，对于不同专业的不同学生，采取科学、合理、有效的多种形式进行评价，使得评价更加合理和科学。学生自我与小组间评价相结合、过程性评价与结果性评

价相结合、课内表现与课外落实相结合等多种评价方式。同时，还要注重评价的主体朝多元化的方向发展，可以让同学、教师或者家长等共同参与评价，使得评价更加客观有效。

④评价的结果及时反馈

课程学习的评价目的就是要获得对学生的学习情况和学习的掌握程度的结果，所以评价的及时反馈非常重要。教师应时刻关注评价的结果和反馈，及时了解学生的学习动态，并对自己的教学设计或方法进行及时的改进和改变。让教学评价成为改进教师教学工作的重要方式，作为提高学生学习效果的重要途径，成为挖掘学生学习潜力的主要手段，促进学生全面发展的重要保证，做到不只为评价而评价，实现客观评价的最终目的。

（2）课程学习评价的实施方法

在高中数学教学中，对学生的课程学习进行考核评价是必不可少的。要实现评价方式合理并且有助于教学相长，评价的方式就不能太单一，否则就不客观、不科学。评价时要改变传统的单一的以学生成绩为主的考核办法，可以采用评价主体多元化的方式与评价形式多样化的方法相结合。

①自我评价与小组评价相结合的方法

自我评价是一种最理想、最有效地对学习效果进行评价的方法。教师可以在不同章节或课时授课结束之后，针对不同专业的学生制定自评表，表格中的评价内容设计可以包括对本章节或本课时的学习任务的完成情况、学习知识点的理解情况、小组合作参与的主动性、学校的效果等。小组评价是学生之间的互相评价，既可以是小组评价纸质表的形式，也可以借助 BBS、E-mail、蓝墨云班课等各种协作支持平台来进行，它是对自我评价的一种有效补充。评价主体的多元化，可以客观有效地实现学生自我发现的意识，自我调节的能力，进一步增强学生之间的相互了解和监督。

②结果评价与过程评价相结合的方法

结果评价是一种主要通过考试考评和作业考评等方式，对学生在一段时间内学习效果的总结性的评价。由于这种评价多采用试卷的形式进行，考核中应该考虑多梯度、多标准，各专业有不同的考核目标，有不同的侧重点，有不同的数学试卷。试卷的考核往往具有唯一性，很多时候不能客观地反映学生的学习情况。

特别是对于高中生来说，考试仅仅是一种手段，全面提高学生素质，保证人人能成才，个个都提高才是成功的教学目标。试卷能检测的只是其中一部分知识落实的能力，还有各种职业能力、文化素质的发展与提高无法通过试卷准确评价，所以就需要结合过程评价方式进行综合评价。

过程评价是在学生学习过程中实施的综合性评价，主要可以通过课堂观察、课后访谈、成长记录袋评价和表现性评价等的方式来实现,具有鼓励性、灵活性和多面性的特点。

基于"趣、理、用"三维目标的高中数学情境教学的目的是让学生在学习数学的过程中,落实就业或升学所必需的数学基础知识,结合学生所学的专业和生活实际,采用多种途径来激发高中生学习数学的兴趣,发展和提高学生的学习能力、数学能力,让学生觉得学习数学"有趣,有理、有用"。因此需要系统地设计很多方面,包括教学内容的开发,以满足学生就业或升学所需,与学生所学专业结合,与学生生活实际结合,教学方式的设计,采用多种形式创设有趣的情境来激发学生的学习积极性和主动性。教学评价的手段,要坚持以学生为中心,采用多元化、多样化评价方式相结合来客观、科学、有效、可持续地评价学生的学习效果。

二、"问题驱动"数学教学模式的研究

(一)高中数学"问题驱动"教学模式

1. "问题驱动"教学模式的含义

古人云:授人以鱼不如授之以渔。对于知识的学习和研究能够举一反三才能得到事半功倍的效果。现代社会人才要具有广博的知识、灵活的头脑和一定的创新意识,基于"问题驱动"教学模式的研究就显得水到渠成。"问题驱动"学习系统的构建需要以丰富的理论知识为根基,以科学、完善的操作方法为羽翼,这是一种教育教学理念的更新与深化,而不是简单的形式改变或技术手段的简单堆砌。

然而至今对于"问题驱动"模式的含义却没有一个明确的概念界定。周飔在《"问题驱动":激活教与学》一文中指出"问题驱动"是指在教学过程中,教学内容被隐含在每个问题中,在问题的生成和解决的过程中发散学生思维,以改变旧时"传统式"的教学,真正体现了学生的自主学习,培养学生的综合学习能力。曹晓凡在《"问题驱动"教学模式在环境课程中的应用》指出"问题驱动"是在学习者学习知识时,将内容以问题的形式呈现,学生那种迫切寻求问题答案的需要进而会产生一种学习期待,从而会激发学生学习的动力。

本书认为,"问题驱动"教学法,即以"问题"为载体,师生共同合作以问题背景创设情境,以教学内容提出的问题为主线,并按照学生的心理智力发展情况精心设问为核心,然后围绕提出的疑问解决教育教学中的实际问题,以此来引导学生自主学习,合作探究,使学生在解决问题的过程中得到进步,实现师生互动,师生综合素质共同提高的

目的。

2. "问题驱动"教学模式的特点

经过对"问题驱动"教学相关文献的研究，不难发现"问题驱动"教学模式的特点具体如下。

(1) 情境创设是前提

数学教学，要紧密联系学生的生活实际，从学生的生活经验和已有知识出发，创设生动有趣的情境，让学生在生动具体的情境中学习数学。"问题驱动"教学可以为学生创造一个良好的学习环境，让其融入其中，自然而然地进入学习状态而不感觉到是在接受教育。当学生适应这个情景并找到它与知识的契合点时，问题的解决也水到渠成。一个新学会的东西实质上就是一个高级规则，它使个体能够解决相似类型的其他问题。例如，家长是孩子的第一任教师，孩子的模仿性也是极强的。他们可以通过家长的举止言谈或在电视上看到的、听到的东西，不自觉地就进行模仿学习。

(2) 问题设计是关键

"问题驱动"教学，顾名思义就是以问题为载体驱动教学，它是"问题驱动"教学模式的精髓所在。问题设计的好坏直接关系到教学质量的高低。问题的设计要与学生的知识水平和认知能力相吻合，在"问题驱动"学习系统中，好的驱动性问题应具有"可行性、价值性、情境化、意义性和可持续性"的特点。

(3) 自主学习是灵魂

课堂教学是学生的"学"和教师的"教"的一个双边活动，二者缺一不可。好的课堂更多地体现学生的主体地位，把问题的提出和解决交给学生。因此，在"问题驱动"数学教学模式中，要有效地促进学生积极主动地参与，引导学生进行探究和构建认知结构，自觉主动地获取知识，提高分析解决问题的能力。

(4) 问题解决是归宿

不论哪种教学模式都是为了解决问题、寻求答案而服务。匈牙利数学家波利亚在《怎样解题》中提到把传统的、单纯的解题过程发展为通过解题获得新知识和新技能的学习过程。学生在寻找问题解决的过程中，不断提高探究、解决问题的能力以及思考问题的能力，以问题解决为最终目的。同样"问题驱动"数学教学模式也是以解决问题为最终落脚点。

（二）"问题驱动"数学教学模式在高中课堂中的应用

1. 借助问题驱动全面提高学生的综合数学素养

在高中数学课堂教学中，教师应改变你问我答的传统教学局面，充分利用问题驱动的教学模式，结合教学内容，科学设置一些启发性、开放性的数学问题，引导学生积极思考，分析问题，最后完成数学问题的探究性。

2. 创设问题情境培养学生数学思维

在高中数学课堂教学中，教师在运用问题驱动教学模式时，必须明确教学的最终目的是培养学生的数学思维，最终达到培养学生综合数学能力的目的。因此，在实施问题驱动教学时，教师必须紧紧围绕教学内容，结合学生的实际情况，创设一定的问题情境，引导学生在具体的问题情境中找到问题的契合点，进而点燃学生的求知欲，使学生能够以高度的热情和良好的状态积极参与学习。

3. 精心设计驱动问题激发学生学习兴趣

在高中数学问题驱动教学模式中，驱动问题是教师进行教学的关键。只有通过科学的设计，教师才能保证驱动教学模式的有效发展。具体来说，教师在设计驱动问题时，应根据教学内容、学生特点、学生对已有知识的掌握情况，结合学生的实际生活和实践，设计问题，确保设计的问题能与学生产生强烈的共鸣，激发学生解决问题的欲望，进而鼓励学生积极参与问题的解决。此外，在设计驱动学习中，教师应密切关注学生的问题接受能力，坚持"由浅入深，循序渐进"的原则，设置一些启发性、探索性的驱动问题，引导学生积极参与问题的分析和解决。最后，在设计问题上，教师还应根据学生的不同接受能力，坚持因材施教的原则，设置不同层次的问题，进而满足不同层次学生的学习需求。

4. 借助问题探究培养学生的探究能力

新课程改革要求教师在高中数学课堂教学中实施问题驱动，引导学生积极参与问题探究，通过分析问题、回答问题，深化数学理论知识，促进学生在学习过程中不断提高问题解决能力和数学思维能力，全面提高学生的综合素质。

综上所述，新课程改革对高中数学课堂教学提出了更高的要求。教师不仅要重视学生数学知识的传授，更要重视学生数学思维的培养，全面提高学生的数学综合素质。因此，教师必须科学地设置问题，引导学生在问题驱动的帮助下积极参与数学知识的学习。

第三章
高中数学教学方法

第一节 高中数学教学方法的重点

一、建立科学的认知结构和思维习惯

(一) 建立学生良好的认知结构

根据奥苏伯尔的观点，所谓认知结构是指学科知识的实质内容在学习者头脑中的组织。换句话说，认知结构是主体对客观知识结构反映的产物。什么是数学教学活动中的认知结构呢？我国著名数学教育家曹才翰先生指出，在教学活动中有三种结构：知识结构，即知识本身的逻辑体系；认识结构，即人们在认识活动中的心理过程（感觉、知觉、思维、想象、记忆、注意等）和个性差异（性格、能力等）；认知结构，它是知识结构与认识结构的一种综合体，它是主体与客体在特定条件下的统一。因而，认知结构是学生观念的全部内容和组织，即不仅是全部知识，而且还有组织这些知识的方式。善于学习的学生，在头脑中把知识组织得很好，这样就便于储存和提取，同时把新学到的知识纳入原有认知结构的适当部位，或改变原有的认知结构。高中生良好的认知结构，不仅是数学基本知识的储存，而且这些知识的结构也应当是有规律的、系统的、有序的、纵横交错的和网络的。因此，需要教学中培养学生良好的认知结构。一方面，学生在运用某些数学知识时，便于从认知结构中提取出来，从而使问题得以顺利解决；另一方面，利于学生的进步。事实上，数学认知结构良好的学生，既易于接受新知识，也善于实现新知识对于原有认知结构的同化和顺应。在高中数学教学中，形成学生良好的认知结构，有如下基本途径。

1. 重视数学基础知识的感知

数学基础知识的教学，是数学教学最重要的组成部分之一，无论教师采用什么样的教学方法，都应该有利于学生对数学基础知识的感知。用心理学的观点分析，人对事物的第一次接触是最敏感的，教学的成功与否，重要的一条就是看首次接触数学问题时，教师如何引导学生探究和学习，因此，在新知识的教学中，教师应格外地精心准备，使学生对新知识的产生、应用范围有一个准确的认识，这就要求教师在教学中做到以下两点。

（1）防止学生感知的片面性

在数学基础知识的教学时，教师首先要深入研究教材，全面把握教材，从而制定出良好的教学方法，使学生对基础知识有全面的认识。

（2）重视感知过程中的数学思维活动

我们知道，数学的抽象性是以具体为基础的，而抽象的结论又要回到更广泛的具体中去，在教学过程中就表现为这样的阶段性：具体感知—抽象概括—实际应用。这一过程包含了学生认识过程的两个飞跃，而这两个飞跃，又是由潜在的数学思维活动来进行的，至于数学知识的感知阶段，主要是第一个飞跃，即具体感知—抽象概括，我们这里所指的就是重视第一次思维活动。

在有些数学教学活动中，不重视数学结论的发生过程，以为这是可有可无的，因而课堂上急于拿出数学结论来教给学生，造成抽象和具体脱节，这是违背学生认识规律的，事实证明这种教学方法大多是失败的。现代数学教学主张"推迟下结论"，并努力揭示产生数学结论的思维过程，来促使学生对数学基础知识的理解。

2. 注意新旧知识的联系

学生能否顺利地学习新的数学知识，关键要看他原有认知结构中是否存在对新的知识起固定作用的因素，如果讲矩形，学生原有的赖以同化的认知结构是平行四边形，若平行四边形的知识未学好，矩形的学习就缺乏基础；同样，如果学生对加法原理和乘法原理尚未真正理解，他学习排列组合就会有很大的困难。关于这一点，传统教学也很重视（强调温故知新），现代数学教学又赋予它许多新的意义。美国当代认知学派著名代表人物奥苏伯尔，在他所著《教育心理学》一书中写道："如果我不得不把全部心理学还原为一条原理的话，我将会说，影响学习最重要的因素是学生已经知道了什么，根据学生原有的知识情况进行教学。"看来他对新旧知识的联系极其重视。我国数学教学长期的实践和研究证明，注意新旧知识的联系对形成学生良好的认知结构至关重要，我们知道，认知是由"领悟"事物的联系而实现的，学习新知识不仅要以原有的认知结构为出发点，而且要以扩展和完善认知结构为归宿。

(1) 注意讲新课前的复习

高中数学中的某些新知识，本来就是旧知识的发展或换一种表现形式，例如，多边形的内角和就是三角形内角和定理的发展，对数的本质就是指数，等等，有时引进一个新概念后又归结到旧知识。例如引入有理数的概念后，其运算又归结到算术运算。因此，新旧知识的结合点，往往是我们教学的重点，也常是我们启发学生思维的出发点，设计新知识的教学方法，就是要创设一种问题情境来揭示新旧知识的联系。这种以旧代新的方法，为新知识的学习铺平了道路。

(2) 教学过程中随时注意新旧知识的联系

由于数学学科本身具有内在的逻辑联系，许多数学知识和方法之间往往存在某些联系，教学过程中随时注意揭示这些联系，有利于学生把有关的知识联结起来，有利于形成良好的认知结构。

3. 注意知识的系统化

学生每天在课堂上学习的知识往往是"单个的"，久而久之，学生容易忽视知识间的内在联系，忽视知识的系统性，而知识的系统性，这是学生形成良好认知结构的主要组织形式。因此，教学中教师应适时地进行单元复习、总复习，使所学知识系统化，而且将这些系统的知识逐渐内化，由量变到质变，促进学生思维整体结构的发展，形成良好的认知结构，复习应注意以下两方面。

(1) 重视概念的系统与深化，提炼数学思想与方法

一要揭示概念的本质特征和内在联系，整理概念系统，比如将数、式、方程、函数按其运算范围扩充，列表说明它们的内涵和外延的关系，使概念体系一目了然。

二要揭示概念的变化发展。高中数学课程里，有的概念是逐步明确化、精确化的，有些概念是逐步扩充的，复习时应把它们的变化和发展揭示出来。例如距离的概念，先有两点间的距离平行线间的距离，再到点到平面的距离，异而直线间的距离，平行平面间的距离。

三要总结数学的基本思想和基本方法。学好高中数学必须抓好几个数学思想的重大转折和一些重要的数学方法，即灵活运用数学运算律，实现从算术到代数的过渡；用集合和简易逻辑推动由实验几何到论证几何的过渡；用向量和坐标法实现由综合几何到解析几何的过渡；函数概念的发展反映了由常量数学到变量数学的过渡，同时反映出诸如配方法、换元法、待定系数法等数学方法。总复习时应尽力提炼出数学的基本思想、基本方法，使学生在数学思想方法上有进一步的提高。

（2）重视复习题的选配

复习题的选配要着眼于发展学生思维和培养学生的能力，要着眼于系统知识的掌握与巩固，也就是说复习题的选配不仅要具有概念性、典型性、针对性、综合性，而且还要有启发性、思考性、灵活性及创造性等特点。

4. 通过比较，正确理解基础知识

对比有利于发现概念间的异同和关系，有利于概念的逐步精确化，对学生寻找错误的根源也有帮助，这种教学方法若运用得当，效果是很好的。

（二）养成学生科学的思维习惯

众所周知，在数学思维活动乃至一般的实践活动中，都希望自己具有较强的思维能力，这取决于一个人的思维品质。思维的发生和发展，既服从于一般的、普遍的规律性，又表现出个性差异。这种个性差异体现在个体思维活动中，就是思维品质，有时也称思维的智力品质。由于数学本身及其研究方法的特点决定着数学思维具有自身独有的特点，下文将根据这些特点，就教学中养成学生科学的思维习惯要贯彻的几个重要的思维品质作必要的分析研究。这些思维品质是：思维的深刻性、思维的广阔性、思维的灵活性、思维的创新性、思维的目的性、思维的概括性及思维的批判性。

1. 思维的深刻性

思维的深刻性经常称之为分清实质的能力，这种能力表现为能洞察所研究的每一事实的实质及这些事实之间的相互关系，能从所研究的材料中揭示被掩蔽的某些个别特殊情况，能组合各种具体模式等。在教学中养成学生思维深刻性可从以下三方面入手。

（1）透过现象，抓住数学实质

很多的数学问题，已知条件和未知条件的关系比较隐蔽，解题途径不甚明朗，很多的同学对这类问题感到无从下手。究其原因就是被问题的表面现象所迷惑，抓不住数学实质，因此，教学中我们要培养学生多方位的考察问题、抓住问题的实质能力。

（2）注意数学结论的推广

思维的深刻性还表现在不满足于个别的特殊的结论，而注意探索其一般的规律。从特殊到一般进行联想是培养这一深刻性的一个重要方面。

（3）防止学生思维的肤浅性

思维深刻性的反面是思维的肤浅性，经常表现为满足于一知半解，对概念不求甚解；考虑问题不去领会问题的实质。这反映在数学学习中往往对一些定理、公式不去思考它们为什么成立，在什么条件下成立，做练习时不去领会解题方法的实质。克服学生思维的肤浅性，就需要教师在教学中提醒学生不迷恋事物的表面现象，引导他们自觉地思考事物的本质，从而达到培养学生思维深刻性的目的。

2. 思维的广阔性

思维的广阔性是指思路宽广，善于从多方面探求。不但能研究问题的本身，而且能研究其他问题，任何一个事物总不会都像一个球，从每个角度看都是一种形状而无变化；任何一个事物也总不会都像一张白纸，看上去永远像一个平面而无层次。数学教学应当提倡立体思维，也就是多角度、多层次的思维。在数学教学中应要求学生既把握数学问题的整体，抓住它的本质特征，又要求不忽视重要的细节和特殊的因素，放开思路进行思考，解决问题。不过思维的广阔性也是以丰富的知识经验为依据的，数学教学中可引导学生从多方面联系，寻求多种解决问题的方法。

思维广阔性的反面是思维的狭隘性，其表现为思考问题时，跳不出条条框框的束缚，思维处于封闭状态。在学生的学习中经常表现为只是围绕书本和教师转，或者陷入题海之中思维得不到主动发展，长期下去必然造成思维的片面和狭隘，这对培养学生的思维能力会带来很大的消极作用。

3. 思维的灵活性

思维的灵活性是指能够根据客观条件的发展与变化，及时地改变先前思维过程，寻求新的解决问题的途径。也可以说，思维的灵活性能及时摆脱心理定式。在高中数学教学中，学生思维的灵活性主要表现在能随着条件而迅速确定解题方向，或者随着条件的变化而有的放矢地转化解题方法，也表现在随着新知识的掌握和经验的积累，而重新安排已经学会的知识，表现在从已知数学关系中看出新的数学关系，从隐蔽的形式中分清实质的能力上。高中数学教学中怎样才能培养学生思维的灵活性呢？我们提出以下建议，以供参考。

（1）日常教学中从小处示范和训练

学生数学思维的灵活性不是一朝一夕可以形成的，要靠教师有意识的长期努力，在教学中不放过小的、细微的地方，从简单的、容易的地方做起，并持之以恒。日常教学中从小处抓起，日积月累，对学生来说是至关重要的，我们采用的教学方法应有利于这种经验的积累。

（2）教学阶段结束时对已讲过的例题重新探究

教科书上的例题，是针对所讲新知识安排的，故有些例题的解法并非最简，特别是学生在后继学习中，学到了新知识，回过头来探究原来学过的例题时，也会发现新的解法，教师有计划地进行这种探究，有利于培养学生思维的灵活性。

（3）适当选取教科书之外的思维灵活性的题目

培养学生思维的灵活性，我们提倡以教材提供的内容为主，但是，高考所具有的选拔竞争性质促使我们必须找一些灵活而新颖的阶段复习题和总复习题，选取题应做到：①精选。所选题目的解法和思路教师必须熟悉，最好是亲自做过，结合教学大纲和学生的实际水平选取，不要把复习资料成套成套地发给学生，这样会加重学生的负担，扰乱学生的思维。使他们疲于奔命，无所适从。②所选题目应紧扣教材中的基础知识、基本技能和基本方法。③所选题目的灵活性一般应比教科书上的题目稍高，数量一般不宜过多。④题型灵活新颖。许多有经验的教师都长期进行收集复习题的工作，他们收集的题目经筛选、分级、分类，逐年充实，逐年更新，选用题目时得心应手，复习效果较好，因此，我们每个数学教育工作者都应吸取这方面的经验。

（4）防止思维的呆板性

思维灵活性的反面是思维的呆板性。知识和经验常被人们按照一定的个人习惯"现成途径"反复认识，这就产生了一种刻板印象，使思维倾向某种具体的方法和方式，使人们在解决问题过程中遵循业已知道的规则系统，这就是思维的呆板性。思维的呆板性反映在数学教学中就是片面强调分析问题和解决问题的程式化或模式化，缺少应变能力。

当然，思维的呆板性也有好的一面，即在解同一类问题时，我们不必重新安排解题程序。教师在教学中的重要任务是克服呆板性消极的一面，及时地让学生了解新情况下的新的解题途径，鼓励学生用非一般化的方法去解题，借以克服思维呆板性的消极作用。

4. 思维的创新性

一般来说，思维的创新性是指独立思考创造出再社会（或个人）价值的、具有新颖性成分的成果的智力品质。它的特点是主体对知识经验和思维材料进行新颖的组合分析，抽象概括以达到人类思维的高级形态；它的结果，不论是概念、理论、假设方案或是结论，都包括新的因素，它是一种探新的思维活动。当然，这新颖是具有社会价值的新颖，它可能被人们所忽视或误解，但它的见解或产物，最终会被社会所承认。

在高中数学教学中，思维的创新性不能片面地理解为科学家的创造发明所表现出的新颖性，而是表现在学习数学的过程中善于独立思考、分析和解答问题。提倡探讨与创新精神，当然也包括新颖独特的解题方法、小发明、小创造等。因此，教学中教师要自觉地启发学生提问题，提问题既是思考的结果，也是创新的开始。不要给学生立下很多的规矩，更不要"打棍子"，即学生在学习过程中常会提出许多不同的看法或新见解，它往往蕴藏着智慧的萌芽，哪怕只有一点点新意也应充分肯定和大力鼓励。在高中数学教学中，思维的创新性更多地表现在发现矛盾以后，把知识融会贯通，以积极的姿态突破矛盾，最终解决问题。

思维创新性的反面是思维的保守性。它的主要表现是在数学学习中受各种条条框框的限制，思维落入俗套而受束缚，不愿多想问题，只求现在的"法规"，而产生思维的惰性。消除思维保守性的有效方法是提倡学生多问几个"为什么"，教师在加强基础知识与基本训练的前提下，要提倡学生独立思考。

5. 思维的目的性

思维的目的性是指在思考问题时，要力求思维的方向总放在该目的上，从而作出明智的选择，力求寻找达到这一目的捷径。目的性往往与求知欲联系在一起，表现主体持续不断地探索问题，有努力获得知识的愿望。因而，思维的目的性含有思维的主动因素。在教学中教师应时刻明确口的，营造一个良好的学习情境。

6. 思维的概括性

通过分析和综合在思想上不同的对象，或把对象的个别部分、个别特性区分出来，确定它们之间的相同或不同关系，并且以此为基础，在思想上把它们联合起来，这就是概括；同时把本质的东西和非本质的东西区别开来，这就是抽象数学，为了在比较纯粹的状况下研究空间形式和数量关系才不得不把客观对象的所有其他特征抛开不管，只抽象出空间形式和数量关系进行研究，这就是数学的抽象。数学的抽象性表现为它高度的概括性。抽象和概括是互相联系、不可分离的，这一点在高中数学教学中尤为明显。数学课总要讲到许多新的数学知识（这主要是抽象过程），因此一般情况下，我们提到数学的抽象性，往往既包含了它的概括性，也包含了它的抽象性。

国内外的研究表明，概括数学关系的能力是主要的数学能力，对高中生而言，数学概括能力主要表现为以下两个方面：①能从例题和习题的解答中发现规律，并能将其概括为解题模式。数学的解题模式，指数学知识、技能和关系，从一种状态向另一种状态运动过程，如果带有某种或然性，并非纯属偶然，那么这一运动过程就呈现为一种解题模式。②能将解题模型运用到外表不同的类型题目中。简单地说，就是"模式形成"和"模式识别"。模式的形成对于数学能力很强的学生来说，只需一个例题就能发现规律，往往可以不依赖于教师的帮助，就能概括为解题模式。但对于大多数学生来说，教师的帮助是必不可少的，学生面临的大多数数学问题是通过模式识别来解决的。即将陌生的数学问题，逐步实施转化，最终变为他所知的解题模式，然后再按模式解决。

在高中数学教学中，养成学生思维的抽象概括性，是提高数学教学质量的重要途径，因此，教师在数学教学中应处处培养学生的概括抽象能力，具体地说有以下建议：①在概念、命题、公式的教学中，随时注意由事实抽象概括出结论。有些数学概念、命题、公式是从一些数学事实中抽象概念出来的，在讲解时就有必要交代清楚有关的背景，这样学生所学知识就成了有源之水、有本之木。不仅如此，在背景材料的概括抽象中，还可以发展学生的观察、类比、归纳、抽象概括的能力。②在解题教学中随时注意解题模式的概括抽象。有些学生看到一个陌生的题目，往往会感到束手无策，产生障碍，这与他们掌握的解题模式较少、模式识别能力差有一定的关系，因此，教学中注意解题模式的概括和应用，有利于学生解题活动的顺利进行。

7. 思维的批判性

思维的批判性是指思维活动中善于严格地估计思维材料和精细地检查思维过程。思维的批判性是思维过程中自我意识的结果。在数学教学中，学生思维的批判性表现为愿意进行各种方式的检验，即检验已经得到的或正在得到的粗略结果，检验归纳、分析和直觉的思维过程；还表现为善于找出或改正自己的错误，重新进行计算和思考，找出问题之所在。在高中数学教学中，提高学生思维的批判性，有以下基本途径。

（1）养成学生解题后反思的习惯

解题后的反思，主要是指检验所得结果是否正确无误，推理是否再据，答案是否详尽无遗，是否还有其他更简洁的解法。

第一，检验答案是否正确无误时，应让学生掌握各种检验方法。例如，解方程可用代入法；解不等式或化简可用特殊值法；实际问题可检验其是否符合客观实际等。

第二，检验推理是否有据，可以培养学生良好的科学态度，树立严谨的思想作风。学生常犯推理无据的错误，检验时只检验答案，而不检验每步推理是否有据，往往出现答案正确、推理无据的错误。

第三，检验答案是否详尽无遗。就是要对问题的所有情形作全面地分析。

（2）教学中经常进行改错训练

思维批判性的反面是无批判性，这也是许多高中生的特点，他们常常表现为轻信结论，不善于或不会找出自己解题中的错误，为此，在教学中经常出一些改错题，对克服学生思维的无批判性是有好处的。

（3）准确分析判断

在教学中经常提倡不要迷信书本，不要迷信老师，凡事都要用头脑思考，有分析地接受，有分析地批判。

以上我们对思维品质的七个方面做了阐述，这七个方面的思维品质是互相联系、密不可分的，处于有机的统一体中。其中思维的深刻性和广阔性分别从纵向和横向两个角度表现出思维的品质，它们是思维品质的基础；思维的目的性决定着思考的方向；思维的灵活性和创新性是根据思维的目的性在思维的深刻性和广阔性的基础上引申出来的；思维的批判性是在思维深刻性基础上发展起来的；思维的概括性是以思维的其他几个方面品质为必要前提的，同时又是其他几个思维品质的具体体现。因此，要想区分这些思维品质中的哪些品质重要，是非常困难的，而且从数学的观点上看也未必恰当。总的说来，培养学生良好的科学思维习惯，以上七个思维品质是缺一不可的。

二、培养基本的数学能力和思维过程

（一）培养学生基本的数学能力

现代数学教学中，培养和发展学生的基本能力已经被提到了与学好基础知识同等重要的地位。知识和能力是密不可分的，基础知识是发展能力的必要前提，没有知识做基础，不可能形成能力；但有了知识而没有消化，缺少必要的训练，不能灵活运用、不能形成稳定的个性心理特征，就不能自然地转化为一定的能力。因此，在学习基础知识的同时，还必须注意加强有计划、有目的的训练，重视学生基本能力的形成和发展。

1. 培养学生的空间想象能力

空间想象力是指对空间图形的想象能力。在数学中对空间图形的想象，往往还借助逻辑推理与计算，才能确定它的形状、大小、位置关系，因此，空间想象力与逻辑思维能力，甚至与运算能力都有密切联系。空间想象力，是在学生掌握有关空间图形的基础知识和基本技能过程中发展起来的。一般要通过对实物模型的观察、分析、综合和识图、画图等活动，想象出基本图形，进而直接想象空间图形，并对它进行分解组合，以求得问题的解决。空间想象力有一个逐步提高的过程。

（1）使学生学好有关空间形式的数学基础知识

高中数学里有关空间形式的知识，几何占有很大部分，但不只是几何知识，还有数形结合的内容，如数轴、坐标法、函数图像、三角函数的几何意义、方程与曲线、几何量的度量与计算等内容，都可以用通过数量分析的办法对几何图形加深理解。形或图像具有具体化、形象化的特点，解决某些问题时恰当地把数或形结合起来，可以化难为易、化繁为简，从而有助于学生空间想象力的培养。

（2）利用对比和对照的方法进行教学

采用对比和对照的方法，帮助学生建立空间概念和数、式与图形的对应关系，对培养学生空间想象力是十分有益的，例如，在立体几何教学中把空间图形与平面图形对比，空间图形性质与平面图形性质对比；物体或模型与所画图形对照，进行直观分析；在解析几何教学中把数、式与图形对照，使学生理解各种曲线的性质等。

2. 加强空间想象力的严格训练

加强严格训练，同样是培养空间想象力的有效途径。在高中数学教学中，训练空间想象力必须经过精心选编一定数量的练习题，有目的、有层次地要求学生积极参与，不断提高；同时要加强直观教学，充分而适当地利用实物、模型和生活实际环境中的形象，丰富学生的想象，有条件还可以让学生结合教学内容，自己动手制作教具、模型，并逐步学会观察、解剖、分析、组合和概括空间形体，树立空间观念；还可开展一些教学实习活动，如测量、设计、制作图表等。

3. 培养学生的记忆力

记忆是把学习过程中获得的知识储存起来，以后能按照需要或者在某种条件激发下把储存的知识再现出来，并能用来进一步学习或解决问题；记忆也可以说是把所学的新旧知识形成一个稳定的认知结构，作为发展认知结构的基础。学习数学需要很强的记忆力，因为数学具有高度的抽象性，具有较强的逻辑系统性。数学语言同其他语言比较还具有它的独特性，这些都会给学习数学带来困难，前面的知识记不牢，就很难学习后面的知识，因此，在数学教学中培养学生的记忆力是十分必要的。下面我们根据数学的特点介绍几种记忆方法。

（1）概括记忆

数学的抽象性表现为它的高度概括性，许多的数学规律、数学公式都是高度概括的结果。教学中我们可以把握这个特点提高学生的记忆效率。

（2）模型记忆

由于数学是研究空间形式及其数量关系的学科，它的内容是非常现实的。许多数学事实都有它的具体背景材料，都有它具体的模型，教学中我们可根据这个特点帮助学生记忆。

（3）类比记忆

我们知道，类比是一种重要的数学方法，许多数学命题、公式、法则都是通过类比得到的，同样，类比在数学记忆中也起着不可忽视的作用。

（4）递推记忆

由于数学中存在很多有序的递推关系，这些有序的递推关系便于学生的联想，有助于记忆，教学中我们应随时注意整理提高学生的记忆效率。

（5）轮换、代换记忆

数学中的一些定理、公式、法则有着其他学科不具有的特性，这些特性在数学记忆中给我们提供了很大的方便。像轮换式、对称式只需将一个式子的字母稍加改变，就能换成另一个式子，教学中应充分利用这种优势，促进学生的记忆。

（6）逻辑组织化记忆

人类记忆的首要问题在于组织，也就是把材料按照某种结构组织起来，就有助于记忆。数学材料的组织就是按有关的数学知识的内在联系列成表格或按有关的数学内容的内在逻辑系统列出逻辑推演图，这种组织工作是"思维加工"，也就是人们常说的"把书由厚念薄"。在数学学习中如果找不出各部分内容的内在联系，是不便于记忆和掌握的，因此，在数学教学中教师应把这种"本领"教给学生，从而促进学生的数学记忆。

4. 培养学生的观察力

观察，指有目的、有计划、比较持久的感观过程，是人们有目的、有选择、积极主动地收集信息的一种活动，是人类认识世界、改造世界、获得知识的重要途径。在观察的时候，观察者要预先提出一定的任务，拟出一定的计划，按计划通过感官接受外部的各种刺激，在思维的参与下逐步形成对观察对象的印象，提出问题并从中寻求某种答案。有人通过统计确认，一个人的知识90%是通过观察获得的；有人说，观察是活跃思维的基础，是解决问题前的调查研究；有人说，观察是检验科学理论的手段，是踏进科学殿堂的起点；还有人说观察是智慧的火花；更有人把观察称之为"思维的知觉"。这些关于观察的重要意义的说法不无道理。体现在数学领域中的观察力，主要表现为对客观事物中的数量关系和空间形式的观察，对各种图形、各种数据、式子的结构、形象和特点的观察以及对逻辑推理过程的观察。因此，在数学教学中培养学生的观察能力有以下基本途径：①观察形式结构的特点：数学研究的对象是客观世界的数量关系和空间形式，因此，数和形成为数学观察的主要对象，教学中我们应利用这个有利条件，培养学生的观察力。②观察数和形的变化规律。③观察条件和结论结构上的区别与联系。

高中数学教学中，除培养以上所述几个基本能力外，还须培养学生的注意力，分析解决问题的能力，独立思考、独立获取知识的能力。培养学生的能力，尤其是一般能力，是从事任何工作都需要的，在高中数学教育中应长期不懈地、有意识地注意培养学生的一般能力和三个数学基本能力，要把能力的培养落到实处，要充分认识到：能力是稳定的心理特征,一旦具备,在任何工作中都可以表现出来,在某种意义上说,能力比知识更重要。当然,基本能力不是一成不变的,它由时代的需要而决定,在实践中,应当不断地吐故纳新,淘汰过时的技能和能力,充实新的技能和能力,以适应新时代变化的需要。

(二) 合理分析数学的思维过程

数学从它诞生那天起,就与思维结下了不解之缘,数学的存在与发展都要依靠思维,都要通过思维来表现,反过来,数学又是思维的工具,精湛的思维艺术常常要借助数学显示其美感和力量。数学教学从本质上来说,就是数学思维活动的教学。数学教育家斯托利亚尔在他所著的《数学教育学》一书中指出:"在教学的每一步,不估计学生思维的水平、思维的发展、概念的形成和掌握教材的质量,就不可能进行有效的教学。"从这个意义上来讲,在教学中准确分析数学的思维过程,对于学生掌握基础知识,培养能力是十分重要的。

1. 准确阐明概念的形成过程

数学概念是数学科学知识体系的基础,是高中数学基础知识的核心,是数学思维的细胞,是培养数学能力的根基之一,因此,在教学中准确阐明概念的形成过程,无论是提高教学质量、实现教学目标,还是发展学生思维、培养能力均是关键的一步。心理学研究表明:掌握知识的一般途径是感知、理解、巩固和应用。学习和掌握概念同样应经历这几个阶段,因此,在数学概念的教学中,教师应注重以下几个阶段的准确阐明:概念的引入(感知、表象、形成概念);概念的明确(理解、掌握概念);概念的应用(巩固、应用概念)。

2. 准确有效地阐明命题的教学过程

数学命题把概念联系起来,形成完整的数学学科,学生不掌握数学命题,就不可能通晓数学的结构,就不可能学好数学。有效的数学命题教学,有助于学生牢固地掌握数学知识的结构,有助于解决问题能力的提高,有助于数学思维的发展,因此,准确、有效地阐明数学命题的教学过程是十分重要的。

3. 准确阐明解题思路

数学作为一门科学,它的各种理论,无不是数学问题解决的结果,所以美国数学家哈尔莫斯指出:"数学真正的组成部分应该是问题和解,解题才是数学的心脏。"数学解题的教学,是数学教学的组成部分,也是实现数学教学目的的重要手段。因此,在数学教学中,准确阐明解题思路,对于提高教学质量、实现教学目标、培养学生学习数学的思维能力，有着重大作用。

我们知道，数学教学过程中的解题教学具有双重意义，即逻辑意义（使学生信服）和心理意义（使学生理解）。在解题教学过程中，我们既希望学生"信服"，更希望学生"理解"。对此，我们不妨用一句简明的话来表达：在高中数学解题教学中，既要讲这道题"应该这样做"，更要讲这道题"为什么要这样做"。"应该这样做"指教师采用综合叙述方法，基本上按教科书的解题、证题的顺序，从题目条件开始，一步一步的准确推理，一次一次地精确计算，从而达到寻求结论的目的。也就是说教师利用逻辑的力量，迫使学生信服了，如果教学仅止于此，大多数学生学会的也只能是模仿，当然，使学生信服且能模仿，在数学教学中是重要的，但却是不够的，我们知道教科书对例题的求解，一般是直接给出的，而这些巧妙的方法是怎样想出来的？多数学生往往难以掌握。因此，只讲"应该这样做"是不够的。"为什么要这样做"，指该种解题方法是怎样"想"出来的，即产生这一解题过程的思维方法是什么。教学时应当把这一思维过程揭示出来、暴露出来，也就是教师用数学思维的力量使学生达到理解，这样有利于学生学会探索数学问题的思维方法，培养探索、思考的能力。

三、注重数学思想和数学方法的培养

（一）关注数学思想和方法的必要性

美国教育心理学家布鲁纳指出，掌握基本数学思想和方法可以使得数学更容易理解和更容易记忆，更重要的是领会基本数学思想和方法是通向迁移大道的"光明之路"，不但让学生学习特定的事物，而且让学生学习一般模式，模式的习得有助于理解能遇到的其他类似事物。如果把基本数学思想和方法概括地学好了，在基本数学思想和方法的指导下运用数学方法驾驭数学知识，就能培养学生的数学概括能力，不但使数学学习变得容易，而且有利于其他学科的学习。按照布鲁纳的观点，数学教学不是就知识论知识，而是要使学生掌握数学最根本的东西，用数学思想和方法统筹具体知识、具体解决问题的方法，逐渐形成和发展数学能力。数学思想和方法是我国数学基础教育的一个组成部分，是体现义务教育性质的重要表现。

从上面的讨论中我们看到了，在高中数学教学中，加强数学思想和方法的教学，是培养学生能力的需要，是数学教育的需要。然而，在当前的数学教学中，有的教师在制定教学目标时对数学基础知识、基本技能的教学要求比较明确，忽视数学思想和方法的教学要求；在教学过程中，往往注重知识的结论，削弱知识形成过程中数学思想和方法的训练；

在知识运用过程中，又偏重就题论题，忽视数学思想和方法的提炼；在课堂小结或阶段复习时，注重知识的系统整理，忽视数学思想和方法的归纳和概括等。因此，加强数学思想和方法的教学，教师首先要更新教学观念，提高对数学思想和方法的理解和认识，增强主动性和自觉性。高中数学中，数学思想和方法主要是指，解题方法和解题模式适用很广的一些"通法"，以及数学观念。具体地说，例如代数中的消元法、韦达法、判别法、公式法、非负数法、放缩法、配方法、换元法、待定系数法、降次法、分类讨论法、分组分解、一般化、特殊化、参数法、反证法、同一法、分析法、综合法、类比法，等等；几何中的平移、旋转、对称、相似、辅助线、面积法、体积法、割补法、三角奠基法，等等；还有推理意识、整体意识、数学美的意识等数学观念。

（二）数学思想和方法的加强

1. 发掘教材中有利的数学思想和方法，有意识地反复渗透

为了使学生掌握重要的数学思想和方法，现行高中数学教科书为我们提供了大量的素材，但教科书不可能对数学思想和方法作系统的介绍（否则会干扰教科书介绍数学基础知识、技能，培养能力的系统性），因此，在数学教学过程中，一方面要对教材中出现的数学思想方法进行概括并把名称直接告诉给学生，起到以名称为核心，逐步形成和加强的作用；另一方面要对这些概括出来的数学思想方法反复地进行渗透，当然在渗透的过程中应结合学生的实际水平、教材的特点，适时地提出。由于数学思想和方法既具有知识结构的特征，又具有认识结构的特征，因此，在数学教学过程中要早期渗透，这样才能使学生对数学思想和方法形成一个良好的认知结构。

2. 重视教学中数学思想和方法的指导作用与渗透

数学思想和方法一方面指导着我们在教学过程中怎样建立概念、归纳法则、探索解题，另一方面为了提高学生对数学思想方法的认识，在建立概念、归纳法则、探索解题的过程中应主动向学生渗透数学思想和方法。

四、加强学生的思想品德教育

（一）进行爱国主义教育，树立学生的远大理想

一个有理想、有道德、有文化、有纪律的公民必须具备爱国主义思想和民族自尊心。数学教学应当而且必须在这方面承担应有的教育任务。事实上，结合数学教学，有计划、

有目的地向高中生介绍一些与数学内容有关的数学史和我国现代化建设中有关数学研究、数学应用的伟大成就，是进行爱国主义教育的极好素材，具体说来在教学中我们应注意以下几方面。

1. 通过数学史料树立学生的民族自豪感

我国是初等数学最主要的发源地，从公元前3世纪到公元16世纪左右，我国在数学研究方面始终居于世界先进行列，因此，在课堂上充分宣传中国数学家在数学方面的伟大成就，会增加学生的民族自豪感。比如说我国最先使用了负数，勾股定理在我国也出现得最早等。

2. 围绕教学目的教学，树立学生的远大理想

在整个数学教学过程中，都需要不断地阐明数学及其思想方法的重要性。比如，结合具体数学内容阐明其应用的普遍性，介绍在当今社会主义建设和发展中的作用与地位，激发学生学好数学为"四化"建设服务的责任感；结合介绍数学基础理论、方法及其应用在我国建设中无限美好的前景，进行社会主义方向、前途和个人远大理想的教育等。

数学思维是科学思维的核心，掌握数学基础知识和基本的数学思想方法，应该是人类精神文明的一项基本要求，更应该是当代社会公民的必备素质，因此，只有在数学教育中反复强调数学思维方法的重要性，启发学生努力强化自己的科学文化素质，适应社会发展、科技进步的需要，引导学生将树立远大志向和实现共产主义的宏伟目标联系起来，激发他们发奋图强、天天向上才能让教学目的全面实现。目前，国际上已经普遍认识到，升学、职业等刺激已不足以成为学好数学的动力。我们认为崇高的革命理想和对社会发展的高度责任感，不仅是青年应当具备的思想品质，也是学好数学的真正保证。

（二）培养学生的辩证唯物主义观点

辩证唯物主义是认识世界和改造世界的有力武器，辩证唯物论的思想方法也是学好数学所必需的。恩格斯在《自然辩证法》一书中指出，数学是辩证的辅助工具和表现方式，这就意味着辩证法是数学思想所固有的，学习数学最有利于培养辩证观点，这是数学教学重要的教学目的。由于数学中蕴含着极为丰富的辩证唯物主义因素，因此，高中数学的教学任务在于以唯物论为依据，通过对数学的发生、发展以及对数学思维的辩证特征的认识，把辩证唯物主义的思想方法揭示出来，使学生在学习数学的过程中获得这些观点，促进他们形成辩证唯物主义的世界观。

教学中我们应不失时机地对学生进行辩证唯物主义的教育，具体讲有如下几方面

内容。

第一，对立统一观点。例如，正和负，质数和合数，有理数和无理数，常量和变量等，都是一个统一体的两个对立面。

第二，事物相互联系和相互影响的观点。例如，加法与减法、正数与负数等概念都是相互依存、相互联系的，没有前者就没有后者，但两者又各不相同。又如，高中数学中，数与形也以坐标系的建立为桥梁，紧密联系着，互为因果。

第三，运动与变化的观点。高中数学中的轨迹、几何变换、函数等概念，都反映了运动变化的观点，而且都表明了运动与变化作为数学思想方法的重要性。在数学的某些概念的转变过程中，常常可以反映出由量变到质变的过程，例如，由锐角到直角、由割线到切线、由相交线到平行线、由圆内接（或外切）多边形面积到圆的面积等，都可以体现这一规律。

第四，抓主要矛盾的观点。这主要体现在一系列的重要数学思想方法上，例如，转化、换元化归等。运用它们的要点，抓主要矛盾，进行辩证分析，分析不同内容或问题的联系、共性，以及相同问题的各自个性（差异性）。

基于以上的分析，在高中数学教学中进行辩证唯物主义教育，一方面要求通过数学知识的讲授，体现出辩证唯物主义的思想和方法；另一方面还要求通过基本技能的训练，对解题过程进行辩证的分析，教会学生运用这些观点真正掌握数学思想方法，提高数学能力。

（三）培养学生良好的个性品质

良好的个性品质是每个社会公民必备的素质，我国教学大纲中，对良好的个性品质已作了具体的解释，主要是指：正确的学习目的，浓厚的学习兴趣，顽强的毅力；实事求是的科学态度；独立思考，勇于创新的精神和良好的学习习惯。在高中数学教学中，学生的这些个性品质的非智力因素，既是学生学习数学内驱力的巨大源泉，也是促进基础知识学习，能力培养的强大动力。

因此，我们在数学教学中不但应该，而且必须在培养个性品质上提出要求，在某种意义上讲，这一任务比起传授知识、提高能力来说，更为迫切，更为重要。

1. 培养学生刻苦的精神，顽强的毅力

数学学习是要花费很大气力的，当学生在学习中遇到主观和客观两方面困难时就要靠刻苦的精神和顽强的毅力才能克服，这种精神和力量主要来源于浓厚的学习兴趣和正确的学习目的。心理学的研究认为，兴趣使人产生稳定而持久的注意，正是由于这一点，兴趣能激发学生积极思维，促发想象力，能使学生清晰地感知新知识，产生愉快的情绪，调查表明，学生对数学学习的兴趣与学生的学习成绩是成正比例关系的，因此，国内外都十分重视对培养学生学习兴趣的研究。

在高中数学教学中，对于培养学生的学习兴趣，我们提出以下建议。

(1) 创设问题教学情境

所谓问题情境，是指学生迫切希望获得解答的关于教学内容的疑问情境，这种疑问主要表现为学生原有认知结构与新知识之间的矛盾和冲突，这些矛盾与冲突导致原打认知结构的丰富发展。教学中为了引起学生兴趣，可从以下几方面设置问题情境：①设"疑"。"学起于思，思源于疑"，"学贵知疑，小疑则小进，大疑则大进"，疑能使学生心理上感到困惑，产生认知冲突，进而拨动其思维之弦，激起其兴趣。②精问。一个恰当、耐人寻味的问题可激起学生思维的浪花，因此，教学中适当地选择、安排、提出好的问题能凝聚学生的注意力，唤起好胜心和创造力。精练地、创造性地提出问题是创设兴趣情境的有效方法。③制错。学生解题时往往错误地运用基本概念、性质，或错误地进行推理，得出一些错误结论。为了引起学生的注意，教学时有意收集或编制一些学生易犯而又意识不到的错误结论，找出致误原因，可助其克服思维定式，深化思维，提高兴趣。④创难。难题对学生来说方向明确，目标也较具体。创难可在某堂课或某段知识前抛出，使学生看到所学知识的最高点，经常保持一种学习的未完成感。⑤求变。求变就是在教学中对典型的问题进行有口的、多角度、多层次的演变，诸如变换命题的题设、结论，条件与结论互换等。使学生始终感到问题"新""奇""巧"，变幻莫测。⑥留尾。留尾指在每节课（或每段知识）结束时，设法在学生心里留上点"余味"，为后继学习涂上点"神秘色彩"，使学生产生一种向往感。

教学法一旦触及学生的情境和意志领域，触及学生的精神需要，这种教学法就能发挥高度有效的作用。在数学教学中，适时地、经常地创设问题情境，将会使教学过程成为一种学生渴望不断探索真理、带有情感色彩的意向活动。这种教学才具有魅力，能激起学生学习数学的兴趣。

(2) 为学生创设成功情境

学生克服一定困难而获得成功时，便能体验到成功的喜悦，从而增强对学习数学的兴趣，教师可根据教学的实际情况，有意识地为学生创造一些成功的情境。例如，课堂练习题的编排保持一定的梯度，使学生不致因梯度太大而无从着手。如果让学生在黑板上做题，可将难易程度不同的习题分配给成绩不同的学生，使他们都可以在克服一定的困难后获得相应的成功。课堂提问也应如此安排。要鼓励学生的进步，即使学生只有微小的进步也应予以表扬和鼓励，使学生获得的成功得到承认，喜悦的情绪得以加强。事实上，我们的一些数学课堂里，也是批评太多，表扬太少，当然，批评有时也能起一定的作用，但使用时应当特别慎重，批评不当容易伤害学生的自尊心。一个丧失自尊心的学生是极难教育的。有时，学生回答问题产生错误，但仍有个别部分是正确的，教师在纠正其余错误时，也应充分肯定其正确的一面。

（3）及时排除学生的学习困难

有一些学生对数学不感兴趣，是由于他们学不懂或碰到的困难长期无法解决，这样又反过来影响了他们学习数学的兴趣，并产生无兴趣与学不懂之间的恶性循环，因此，及时排除他们的学习困难就显得十分必要了。

2. 培养学生实事求是的科学态度

我们知道，数学具逻辑严密的特点，利用这个特点在教学中有利于培养学生言之有据、一丝不苟、坚持真理、修正错误的实事求是的科学态度。数学离不开推理，通过数学教学可以养成学生说理的习惯，结合数学科学理论抽象的特点，通过数学命题概念的形成和发展过程，使学生形成从本质上看问题，善于有意识地区分主次因素，抓住本质的主要矛盾，解决问题的思想方法；充分利用数学学科广泛的应用性的特点，使学生在应用中形成推理意识，培养追求真理、实事求是的精神以及严肃认真的科学态度和作风，同时，在教学中，提倡对不同问题的讨论和争论，维持良好的学习秩序，督促学生独立地按时完成作业等。

3. 培养学生积极主动、独立思考、勇于创新的精神

在数学教学中我们要充分利用数学中的一些特点培养学生积极主动、独立思考、勇于创新的精神，例如：一个数学问题的解决，往往有多种解决途径，除让学生掌握成法之外，应当特别鼓励学生独立思考，标新立异，另辟蹊径，不墨守成规，问题解决之后还可以通过深化、减弱条件、加强结论、推广、特殊化、类比等引出或转化成另外的问题。又如：教师不能允许学生有抄袭作业的行为，作业必须独立完成；教育学生对科学的热情，对从事创造性劳动的爱好等。

（四）美育

美育任务不仅是美术课承担的，高中数学教学中也包含着丰富而深刻的美育内容，通过数学教学对学生进行美育也是数学教师义不容辞的任务。数学的本质是美的，正如著名数学家庞加莱所说，数学中的美"那就是各个部分之间的和谐、对称、恰到好处的平衡，

一句话就是秩序井然、统一协调"。事实上，数学发明创造的实质也是对这种数学内在美的深刻认识。高中数学是数学科学的基础知识，虽然不能完全反映数学本质的全部美，但对数学内在美的一些主要特征仍表现得相当充分。通过高中数学教学，充分揭示数学美，将是对高中生进行美育，从而陶冶情操、锻炼性格、提高素质的重要手段。在高中数学中，数学美主要体现在以下几方面。

1. 协调美

协调美本意是指整体的部分与部分之间、部分与整体之间或两个不同整体之间可以引起直观快感的比例构成关系，是支配视觉空间关系的原理，主要适用于造型艺术，但是在类比的意义上，它也适用于数学。数学的纯理论本质是纯数学，技术应用方面是应用数学。纯数学是基础科学，应用数学实质是技术科学与应用科学。纯数学与实际应用之间通过应用数学构成关系，呈现出一种协调美。例如，在纯数学中作为数量关系研究的是代数学与分析学，作为空间形式的是几何学，二者之间通过解析几何而协调呈现某种协调美。

2. 简洁美

正如爱因斯坦所说："美在本质上终究是简单化。"简洁给人以美感，数学的简洁主要表现在数学符号、数学技巧乃至逻辑方法上。例如，数学符号以简洁的外形表示其丰富的内涵，给人以美的享受。

3. 对称美

古希腊数学家毕达哥拉斯认为："一切立体图形中最美的是球形，一切平面图形中最美的是圆形。"其原因可能主要是基于球形、圆形体现了现实空间的对称性、均匀性。在高中数学中到处都可以找到这种对称美，在几何图形中，有平行四边形的点对称图、等腰三角形的线对称图等。

4. 统一美

德国著名数学家希尔伯特说："数学科学是一个不可分割的有机整体，它的生命力正是在于各个部分之间的联系。尽管数学知识千差万别，我们仍然清楚地意识到：在作为整体的数学中，使用着相同的逻辑工具，存在着概念的亲缘关系，同时，在它的不同部分之间，也有着大量相似之处，我们还注意到，数学理论越是向前发展，它的结构就会变得更加协调一致，并且，这门科学一向相互隔绝的分支之间也会显露出原先意想不到的关系。"他又说："数学有机的统一，是这门科学固有的特点，因为它是一切精确自然科学知识的基础。"当然希尔伯特所说的数学统一美，是数学最本质的特征，也是在数学发展追求的目标，在高中数学中，数学的统一美不能反应得如此深刻、如此广泛，但深入研究教学内容。

第二节　高中数学教学中常见教学方法

一、高中数学教学方法的选择依据

近年来，国内外很多教育专家和同行在深入研究传统教学方法与当今数学实际的基础上，推出了很多教学方法，诸如："教""学"结合法、协同教学法、暗示教学法、座谈法、类比法、讲授法、目标控制教学法，等等。在这些教学方法面前，高中教师该如何合理地选用从而进行有效的教学，就成为我们必须认真探讨的问题。选择教学方法的依据如下：

（一）依据学生年龄特征选择教学方法

高中生年龄一般在16~19岁，这时学生身体各器官基本发育成熟，脑机能基本达到成人水平，学习潜力增长，注意力比较集中，自我控制能力增强，基本能把逻辑思想和直观形象结合起来，逻辑思维也基本形成。这时，教学方法的选择应激发学生思维的积极性，可有计划不断地采取"自学法""读启法"等一些教学法。

应该指出的是，在教学中使用一种教学方法，会使学生产生"惰"性。同时，课堂气氛显得单调、呆板，既不利于提高教学效果，也不利于学生的个性发展。因此，教学方法尽可能交替运用，这样可保持学生的注意力和对学习的浓厚兴趣。

（二）依据教材内容选择教学方法

不同的矛盾必须用不同的方法去解决。每节课、每章教材内容不同，选用的教学方法也不可千篇一律，而应该根据教学的具体内容作相应地调整。例如，高二代数中对等差数列和等比数列这两个重要概念的教学，由于它们几乎没有多少道理可讲，因此，这样的课采用"直接讲授法"，学生对概念的印象比较深刻且容易记忆，采用其他方法反而不太合适。

教材中能够运用教具的地方要充分利用，这样既可加强教学的直观性，也可激发学生的思维，同时，有利于提高学生的注意力。例如在高一立体几何中学习地球的经度概念时，首先进行教具演示，学生会发现，地球上某点的经度就是经过该点的经线与地轴确定的半平面与本初子午线与地轴确定的半平面所成二面角的度数。这里，如果不借助教具，学生就很难理解经度这个概念。

教材中有的例题课可采用"演示法"、"启发法"和"讲练结合法";有的概念、公式或定理课可采用"自学法";有的习题课可采用"提问法"或"剖析发现法",引导学生逐步探索或剖析发现解决问题的方法,从而达到解决问题的目的;复习课可采用"自学法"或"归纳法"。这样,有利于学生了解教材内容的系统性和知识的框架结构,同时,培养学生的归纳综合能力,等等。

(三) 依据学生基础选择教法

由于教学是师生的共同活动,因此,教学方法的选择直接影响着教学效果的好坏,最优教学方法的选择就尤为重要。而教学方法是否最佳也是相对学生基础而言的,它应根据学生的实际水平而加以综合运用。教师在选择教法时,必须十分注意学生的基础,若学生学习基础很差,而运用"自学法"或"练习法"是不合适的,而学生学习基础较好,采用"直接讲授法"反而会限制学生能力的提高。原则上,在学习基础较差的班级里,要多采用"座谈法""启发法",这在一定程度上会减轻学生的学习负担,同时减轻或消除学生对学习的厌恶感,有利于激发学生的学习兴趣。而在学生基础较好的班级里,可多采用"自学法""暗示教学法""引导发现法"等,这些方法会起到事半功倍的教学效果,同时更有利于学生创造性思维能力的提高。

教学中,很多时候都需要把教学内容和学生的实际结合起来,恰当地选择教学方法。例如,当某教材内容与学生已掌握的旧知识内容类似时,可选用"类比教学法",高中数学中的复数加减法的几何意义就可类比物理学中的矢量关系进行类比教学。当教学内容与学生已掌握的内容基本道理或理解步骤大致一样,但又有个别关键性的地方不一样时,可采用"对比教学法"。例如,在高一立体几何中常常用到同一法和反证法进行对比教学,这样学生就更容易理解两种方法的异同点。

"教有常规,但无定法",教师在选择教法时,要充分考虑如何更好地把教师的主导作用和学生的主体作用有机地结合起来和发挥好。同时,各种教学方法虽各有特点和用途,但它们又是互相联系、互相补充、相辅相成的。因此,教师在教学中,应根据教材内容特点和教学任务及学生的知识水平,对教学方法进行精心选择或巧妙搭配,紧紧围绕提高教学质量的总目标,努力做到多种教学方法的最优结合,丰富教学研究成果,为培养一代新人多做贡献。

二、常用的高中数学教学方法

(一) 数形结合思想方法

1. 数形结合思想方法的含义

数学的研究对象是现实世界的数量关系（数）和空间形式（形）。"数"体现了数量的关系，而"形"体现了空间的形式，数和形常常相互依存，抽象的数量关系常有直观的几何意义，而直观的图形性质也常用数量关系加以描述，数和形在一定条件下互相转化。我们在研究数量关系时，需要借助图形直观地去研究，而在研究图形时，需要借助数量关系去探求。数和形是研究数学的两个方向，华罗庚教授对此有精辟概括："数无形，少直观；形无数，难入微。"数形结合可以使数和形统一起来。数形结合是高中数学所蕴含的最基本的思想方法，运用数形结合解题就是在解决有关数量的问题时，根据数量画出相应的几何图形，将其转化为几何，即"由数化形"。解决有关几何图形的问题时，根据图形写出相应的代数信息，将其转化为代数问题，即"由形化数"，从而利用数形的辩证统一和各自的优势得到的解题方法。

数形结合是数学中非常重要的思想和解决问题常用的方法，数形结合根据数学问题的条件和结论之间的内在联系，分析其代数含义的同时，又揭示了其几何直观。数形结合方法在解题的过程中应用十分广泛，它给我们解决问题带来一个全新的思路，由形想数，利用"数"来研究"形"的各种性质，寻求规律，可以从不同的角度培养思维的灵活性，简化解题的思路。用此方法常常可以使所要研究的问题化难为易，化繁为简，思维广阔。

2. 数形结合思想方法应用的原则

（1）掌握数形结合思想方法应遵循的原则

①量变到质变的原则

数形结合方法的教学，应当通过精心设计教学过程，有意识潜移默化地引导学生领会题中的数形结合思想，又由于数学思想方法是表层知识的本质和内在联系的反映，它具有更大的抽象性和概括性。为了概念与概念之间的联系和转化，力求学生准确地掌握概念，认识本质，使学生在获得基本知识的同时，还能够善于发现各种数学结构、数学运算之间的关系，建立和运用它们之间的联系、转化和变换，领悟数学思想方法，以提高其思维能力，数形结合很难找到一种固定的形式，它体现的意识或观念也不统一。只有反复练习，才能不断上升；日积月累，才能水到渠成。

②启发性原则

教师要引导学生循序渐进，注意向学生讲清概念的形成过程，有意识地利用启发性原则，用发展的眼光有目的地指导学生参与教学过程，从学生实际出发，由简到繁，由此及彼。启发学生形成科学的思维方法，激发学生的探索精神，掌握自我探究知识的方法。数形结合的启发性原则的关键就是鼓励学生提出问题、思考问题，正如两千多年前中国伟大的教育家孔子所说的"不愤不启，不悱不发"。运用数形结合方法启发教学是为了倡导学生独立思考。

（2）应用数形结合思想方法解决问题时应遵循的基本原则

①等价性原则

等价性原则是指"形"的几何性质与"数"的代数性质的转换过程应该是等价的，即对所说问题的图像表示与数所反映的数量关系应具有一致性。用图形解题是有一定的局限性的，在构图时经常存在误差，若所画出的图不准确就会造成所讨论的问题解题失误。

②双向性原则

双向性原则是指既对其进行代数的抽象探索，又对几何图形进行直观分析，代数关系的表示及运算比几何直观的图形结构更具有优越性，避免了几何构图的许多局限性，反过来图形表示又更直观，这就体现了"形"与"数"的和谐之处。

③简洁性原则

简洁性原则是指数形转换时尽可能使构图简单合理，即使几何作图完整直观，又使代数计算简洁、明了，避免复杂烦琐的运算，缩短解题时间，降低难度，从而实现"化难为易，化繁为简"的目的，使之符合数学简洁美的要求，也体现解决问题的艺术性与创新性。

④直观性原则

直观性原则是指不仅要求充分利用坐标及图形，还要在应用数形结合图形演示或者模拟列表的数学实验时，使抽象的数学概念直观化、具体化和模型化。

例如，学习积分时，为学生介绍积分即面积的思想，以及黎曼用分割法求积分的思想，使得学生对积分有直观明了的理解和掌握。

⑤实践创新原则

数学思想方法比数学知识更抽象，不可能照搬、复制，因此创新实践原则就是教师在教学中要改革传统的教学内容、教学形式，提出符合学生数学认知水平和规律的适度问题，悉心引导学生积极主动地开展探索活动，不断地经历直观感知、观察发现、归纳类比、空间想象、抽象概括、符号表示、运算求解、数据处理、演绎证明、反思与建构等思维过程。这些过程是数学思维能力的具体体现，有助于学生对客观事物中蕴含的数学模式进行思考和作出判断。学生要亲自提炼数学思想，活用数形结合思想方法。

（二）问题导学法

1. 问题导学法的定义

高中数学"问题导学"教学法是指教师在课堂教学中以问题为载体，通过启发、引导学生解决问题，达到以学生"学习"为根本目的的高中数学教学方法和策略。

高中数学"问题导学"教学法要求教师在组织教学活动中，要精心设置出符合教学目标和学生实际的恰当的问题，激发学生积极的思维，并通过课堂教学中教师的有效引导，促进学生将学科知识、技能、方法、思想相互渗透，学习过程、结果与情感相互整合，促进学生认知的主动发展，培养学生的数学素质，提高学生的数学能力；同时，也促进教师不断提高和完善自身的教学素养，使"教师主导，学生主体"的师生关系得到充分地构建。

2. 问题导学法的理论基础

（1）基于"问题解决"的基本理论

问题通常是指要求回答或解释的题目，或者说需要研究讨论并加以解决的矛盾、疑难，是数学研究最重要的内容。美国数学家哈尔莫斯指出："定理、证明、概念、定义、理论、公式、方法中的任何一个都不是数学的心脏，只有问题是数学的心脏。"20世纪，德国数学家希尔伯特在巴黎国际数学大会上发表演讲《数学问题》时指出："只要一门科学分支能提出大量的问题，它就充满着生命力，而问题的缺乏则预示着独立发展的衰亡或中止。正如人类的每项事业都追求确定的目标一样，数学研究也需要自己的问题。正是通过这些问题的解决，研究者锻炼其钢铁意志，发现新方法和新观点，达到更为广阔和自由的境界。"之后，"问题解决"就一直成为数学研究与数学教育关注的一个热点问题。

"问题"与"问题解决"犹如因果关系：有了"问题"，就为"问题解决"提供了一个研究的指向；而"问题解决"的思想方法反过来又为"问题"的合理性、可解性提供了检验的标准。就像我们既可以"执因寻果"，也可以"执果寻因"一样，要研究如何设置"问题"，我们可以从"问题解决"的内涵上去寻找和思考，为更好地进行"问题设置"打下良好的基础。

（2）基于多元智能的学习理论

多元智能理论由世界著名教育心理学家加德纳提出，强调以下几个基本观点：

第一，智能的情境性与社会性。在不同的社会和文化环境下，被人们所认定的智能标准也是不同的，智能的表现形式也各有千秋。某种能力在一种文化背景中被视为有价值，这种能力就该被列为智能。

第二，智能的核心是解决问题的能力体现在解决特定情境中的问题，特别是解决主体所面临的实际问题的能力上。这是人的生理潜能被问题情境激活所表现出来的效能。

第三，创造不仅体现在解决新问题、创造新产品上，也应体现在创造性地解决问题上，而这种创造应是有价值的，即是符合某种特定文化与社会价值标准要求的。

多元智能学习理论为"问题导学"提供了丰富的理论基础。首先，多元智能认为智能的确定是依靠问题情境来决定的，只有在具体的解决问题过程中才能知道这个人的智力水平。而"问题导学"大力倡导的就是要通过设立的问题情境，引发学生展开积极的思考，为学生提供开发多元潜能解决问题的平台，促进学生多元智能的发展，从而从根本上发展学生的智力。其次，多元智能的评价具有强调多元多维、发展性与重过程的特点。在测量与评价领域，多元智能理论除了强调从多种角度来辨识个人能力之外，更主张智能必须经由发现与解决问题的过程来获得验证，不仅要评价结果，更要评价过程。"问题导学"鼓励学生在思考、解决问题的过程中，充分发挥主观能动性，这与多元智能在教学评价的理念上是相通的，在实践中也是相互依赖的。再有，多元智能使学生通过自己的智能优势解决问题，最终实现教育教学目标。"问题导学"充分鼓励教师遵循学生认知规律，注重从学生学情出发去组织教学，为学生智能的发展提供空间，为具有不同智能类型的学生提供各展其长、获得成功的机会。可以说，努力创造适合每个学生的教育，实现每个学生具有特色的全面发展，是多元智能理论与"问题导学"教学共同的追求。

（3）基于奥苏贝尔的认知学习理论

美国教育心理学家奥苏贝尔是当代著名的教育心理学家。他认为，学习的最佳方式是意义接受学习，所谓意义接受学习是指符号表达的新观念与学习者认知结构中的有关观念建立实质性的和非人为联系的过程，其前提条件是：①学习材料具有潜在逻辑意义；②学习者认知结构中具有同化新观念的相应知识结构；③学习者具有意义学习的心向。奥苏贝尔主张学校应采用意义接受学习法，把有意义的讲解式教学作为课堂教学的主要形式。他认为，满足以上条件的意义接受学习是一种主动的学习，他坚信学生已有的先备知识在其后继学习中具有重要的作用，同时，教师对学生经验能力的了解并给予清楚的讲解引导，是形成有效教学的必要条件，教师必须想方设法让学生了解所学内容的意义并配合学生的能力与经验开展教学，学生才会产生意义接受学习。

高中数学"问题导学"教学法将问题的提出和解决作为教学的基本环节，追求满足教学目标和学生基础的双重要求，致力于激发学生学习的主动性和积极性。对问题的设置，强调要遵循学生的认知基础，以"先行组织者"组织学生先于课堂教学前进行知识铺垫，面对生活、实验情境结合已有认知发现问题，提前进入学习状态。同时，要以确定的教学目标来组织富有逻辑性的学习材料，以例题的规范解析和变式拓展吸引、调动学生意义学习的兴趣。对于疑难问题，不放弃集中的讲解，既关注学生的主体地位又要发挥教师的主导作用；既提供精确的分析，又全面展示规范的解答过程，让学生的认知从分化走向协调整合，实现主动的意义接受。"问题导学"的这些教学思想深受奥苏贝尔认知学习理论的影响。

3. 问题导学法在高中数学教学中的应用方法

（1）创设合理的问题情境

课堂教学要体现学生的主体地位，激发学生的学习兴趣和求知欲。创设合理的问题情境可以充分调动学生的积极性，使其较好地参与到课堂教学活动中，教师在情境中营造轻松、愉悦的求知氛围，可激发学生的潜力，不断锻炼和提高学生的自主学习能力。因此，为了能创设合理的问题情境，教师一定要对教材进行深入的研读，了解学生的认知水平和心理特点。

（2）引导学生自主思考

高中数学教学中，教师可以这样运用问题导学法：①针对不同的数学问题，采用旁敲侧击的方式来启发学生，让学生对这些问题进行深入的思考；②如果遇到与之前所教知识、题型类似的问题，可以引导学生找到这些问题与知识间的联系，最终找出解题的方法；③要引导学生灵活运用知识解决问题。

（3）给予适当的点拨

问题导学法最主要的是把有一定联系的问题有效地融合在一起，有些数学知识内容在教材中一般都杂乱无章、没有规律、没有一定的系统性，而教师最重要的任务就是找出知识的难点及重点，并对其进行分析，找到其内在联系。

（4）把数学知识与生活实际结合起来

数学是一门比较抽象的学科，但它与我们的生活有着紧密的联系，有句话说得好："数学知识大部分来自生活。"所以，高中数学教师在教学时应利用问题导学，把数学知识与生活实际结合起来，使抽象的数学知识具体化，让学生对数学知识有更深刻的理解，进而能够运用数学知识解决实际生活中的问题。

（三）自学辅导教学法

1. 自学辅导教学法的定义

自学辅导教学法是中国科学院心理研究所与各省、市、地区教育部门合作研究的。它是在美国心理学家斯金纳的"操作条件反射说"的基础上，结合我国的教学实际提出的。自学辅导法还吸收了布鲁纳的"认知发现说"，强调学生的主观能动性，注重培养学生自主学习的能力。

2. 自学辅导教学法的原则

自学辅导法应遵循以下几个原则。

（1）班定步调与自定步调相结合的原则

这条原则就是把"班集体"与"个别化"这一对矛盾体统一起来，克服了以往程序教学的单纯自定步调而使老师无法起到辅导作用的缺点。

（2）在教师指导下以学生自学为主的原则

这条原则就是把教师的"教"与学生的"学"统一起来，彻底克服在传统教学高中生始终处于被动地位的弊病，进一步调动学生的学习主动性和积极性，也就是要强调自学。

（3）启、读、练、知、结相结合的原则

教学模式应当适应特定的教学方法，更应当适应于某些特定的教学情景。

（4）利用现代化手段来加强直观性原则

随着现代科学技术的迅速发展，投影、电视、电脑、CAI等现代化教学辅助手段被广泛应用，使得教学更加生动形象，大大提高了学生的学习兴趣。实践证明，采用现代化教学技术是提高学习效率的必由之路。

（5）采取变式复习加深理解与巩固的原则

根据心理学研究，学生学过的知识、技能和技巧还是会遗忘的，用机械的方法不断地重复不如用变式复习效果好。

（6）强动机、浓兴趣原则

学习动机是直接推动学生进行学习活动的内部动力，学习的自我需要更为重要，需要可以表现为兴趣、意向、信念等多种形式。

（7）自检与他检相结合的原则

自我检查能力是自学能力的重要组成部分，在教学中要有目的、有意识地培养学生的自检能力和自检习惯。随着自检能力的增长，他检与自检能力的比重就会逐步发生变化，到了完全能自检的时候，学生自学能力也就差不多形成了。

3. 自学辅导教学法的教学模式

经过长期的实验教学，教育心理学家卢仲衡总结了"启、读、练、知、结"的教学模式。该教学模式最大的特点是能培养学生的自学能力，调动师生双方的积极性，提高学生的学习兴趣，形成自学信心和自学习惯。所谓"启"就是每节课教师的开头语，由教师向全班学生进行启发，就是从旧知识引入新问题，明确本课学习的目的，其功能主要是激发学生学习的动机，使他们有迫切需要阅读课本和解决问题的要求，大约5分钟左右。所谓"读"就是让学生根据自学提纲，以粗读、细读、精读的方式阅读、理解和钻研课本，回答自学提纲上的问题，一是为了充分调动学生学习积极性，对新内容发生兴趣并集中注意力；二是为了确定并发现学生与新内容相关知识水平及存在的问题。一般分为三个阶段：第一阶段是教师领读；第二阶段是提纲导读；第三阶段是独立阅读。所谓"练"就是学生通过动脑动手在练习本上做练习，尽量做到落笔准确。在学生阅读课本回答了自学提纲的问题之后，教师校正答案、解释重难点之后，使学生将自学到的知识进行运用并检查自学情况，加深对知识的理解和巩固 所谓"知"就是当时知道结果，校对答案，自我纠正错误。学生的"读、练、知"交替进行，教师积极巡视课堂，个别辅导，不打断大家的思路，占30分钟左右。所谓"结"就是对本节课的总结，可以让学生进行总结，老师或其他学生进行补充；也可以由老师向全体学生进行小结，将本课主要内容概括的向班集体讲授，指出上课时发现的问题，让大家进行讨论，大约10分钟。

（四）引导发现法

1. 引导发现法的定义

该教学法要求教师根据教材的结构特点及学生的思想、知识、能力水平，将教学过程演变成一个一个的发现过程，引导学生通过思考、讨论等各种途径去研究问题，总结知识规律，从而达到获取知识、发展能力的目的。

2. 引导发现法的特点

教师是引导发现法必不可少的一项内容。"引导发现法"教学有三个动词，即引导、发现和教学。引导指教师的引导作用，包括引导学生提出问题，引导学生实践，引导学生解决问题，引导学生归纳总结，等等。其实数学概念的内涵和外延是不断变化的。如积分的扩充，简单积分—无穷积分—三重积分，等等，每次的扩充都要有新的积分知识加入，并在原有的知识的基础上加入新的运算法则，这样才能逐渐完成积分的理论。由此教师在指导学生学习的过程中一定要强调,在归纳总结时一定要注意:一是在原有知识的基础上,要有扩充前的合理想象;二是在原有知识的基础上加进新的知识和新的规则;三是扩展后的新规则要适应原有知识内容。教师的引导作用是在教学过程中,教师必须正确地组织学生、指导学生、激发学生、辅导学生,客观地评价学生,以学生为中心,激发学生学习动机,指点疑难问题,真正让学生的身心结合,真正做到知识与能力,情感与价值观的统一。"发现"是学生在学习过程中发现新问题、新知识。这就体现了学生的主体地位,学生必须通过独立思考,在学习和在实践中发现并提出新问题、分析问题、解决问题。无论是通过小组讨论的方式,还是个人实验研究的方式,最终解决新问题,并在老师的引导下归纳总结知识。"教学"毋庸置疑指的是教师的教学,而教师的教学不能只是单纯地传授知识,必须创设情境,引导并启发学生,不断探索,以实践为基本出发点,在学生动手动脑的过程中培养学生的思维能力和创新能力,使学生树立正确的人生观、价值观和世界观。

(五) 单元教学法

1. 单元教学法的定义

传统的数学教学方法,大多是先具体后抽象、先特殊后一般,先局部后整体的顺序,这样的教学无疑是比较精细的,但学生却并不能系统地掌握知识。单元教学法即把一个单元的知识看成整体,依据其中概念、定理、公式间的关系进行教学,这样可以使学生系统地掌握数学知识,符合培养学生数学能力的要求,这应该是高三复习课中常用的教学方法。

2. 单元教学法的特点

数学单元教学设计完成了由静态到动态、由个人到集体的过渡,其表现的特征主要集中在以下几个方面:

第一,整体关联性。数学单元教学的整体关联性主要体现在知识内容、教学安排等方面。知识内容:数学单元教学设计将碎散的数学知识通过单元式主题进行整合,有利于学生从整体上掌握学习内容,形成知识结构的整体性,明确每个单元的内容与学习目标在学期中的地位;教学安排:数学单元教学设计是基于整体思维的教学设计方式,纵览全局,把教学活动分解成为具体的环节,并且落实到数学教学活动的整体系统中。

第二,动态发展性。数学单元教学设计是始终处于动态发展过程当中的。在数学单元教学设计的实施过程中,教师必然会根据教学过程中出现的问题或现状,采取新的教学方案或新的教学计划，对原有的教学方案进行适当的调整。

第三，团队合作性。如果要求一位或两位数学教师来完成数学单元教学设计，则难度较大，因此，在单元教学设计过程中，学校通常会借助教研组或年级学科备课组，并且邀请相关专家、学者一同参与。在教学设计的前期准备、设计实施以及评价修改阶段，都需要数学单元教学设计团队一同完成。

（六）长程教学法

1. 数学长程教学的内涵

本文提出的长程教学基于两方面：一是在学科教学中，课时教学注重以课时为单位的教学设计。事实上，数学知识之间存在密切的联系，学生难以在一个课时内完成知识建构，这就需要根据知识之间的逻辑联系，立足知识整体，着眼长线的教学过程，进行整体性的结构化整合，让学生体验到数学知识的系统性。二是基于数学核心素养，核心素养具有整体性、一致性和阶段性，在不同阶段具有不同表现。实现这样的目标，就要结合具体的教学内容，全面分析主题、单元、课时的特征，进行系统设计，再根据阶段教学目标分步实施。因此，笔者提出的长程教学具有如下特征。

（1）长程教学是凸显关联性的教学

数学学习过程中要关注两个关联：一是具体教学内容与核心素养之间的关联；二是内容主线与核心素养发展之间的关联。如学生几何直观的形成历经高中的三个学段，长程教学就是将与教学内容相关的核心素养贯穿始终，不断进阶。

（2）长程教学是保持同一性的教学

根据学生数学学习的心理特征和认知规律，高中阶段的学习分为三个阶段，但发展学生核心素养的要求是同一的。教学时要关注数学内容的主线，把握知识本质，用同一个"理"贯穿一个知识单元、一个知识序列、一个知识领域，甚至更大的范围。如平面图形的面积计算教学序列是：平行四边形—三角形—梯形—圆。尽管图形的形状变了，但是面积计算的方法都是利用转化的思想，把新的图形转化成已经学过的图形，利用图形形状变了面积不变的规律推导出新的图形面积计算方法。教学时要长程设计，重视初教，对于平行四边形面积计算，教学重点是感悟图形转化思想，掌握转化技能，这样学生就能利用转化的思想思考三角形和梯形的面积计算，使得转化思想不断得以巩固，在探索圆的面积时，学生就会采用多种方法进行转化。长程教学就是帮助学生建立不断学习后续知识的数学思想或模型。

（3）长程教学是注重整合性的教学

教学内容是落实教学目标、发展学生核心素养的载体。教学中要对教学内容进行整体分析，帮助学生建立结构化的数学知识体系。一方面了解数学知识的产生与来源、结构与关联、价值与意义；另一方面强化对数学本质的理解，关注数学概念的现实背景，引导学生从数学概念、原理及法则之间的联系出发，建立有意义的知识结构。教学设计时，要选择合适的主题对教学内容进行整合。如"数的认识"主题中，整数、小数、分数的意义都是建构在"由若干个计数单位组成"的基础上，教学时只有将这一认知进行整合，学生才能把握概念属性的一致性，整体构建数的认知体系。长程教学就是引导学生用整体的、联系的、发展的眼光看问题，发展自己的核心素养。

2. 数学长程教学的价值

（1）有利于数学概念建构

数学概念的建构，既是培养学生数学思维，形成良好的数量、空间关系的主要途径，也是帮助学生形成正确数学观，认识数学本质的重要过程。高中阶段，学生构建数学概念的主要方式是比较分类和归纳分析。这也提示我们在教学时，不能只分析概念本质属性，还要体会概念的形成过程，为后续同类概念的建构形成认知储备。如长方形的认识是学生从数学特征上认识平面图形的开始，也是学生建构平面图形特征的关键，教学时要长程关注学生对平面图形认知经验的积累。所以，对长方形的认识不仅要知道对边相等、四个角都是直角这一本质属性，还要思考应从哪些方面认识长方形。让学生明白认识长方形的特征是从边和角两个方面展开研究的，为后续研究正方形以及平行四边形等多边形的特征积累研究经验，便于学生归纳分析这些图形的基本特征。

（2）有利于运算能力提升

运算能力是核心素养之一，指学生根据法则和运算律进行正确运算的能力。提升学生的运算能力，一是要融通算理之间的关系。数学运算中的算理是相通的，教学时需要进行长程设计，探索运算的一致性。如整数、小数和分数的加减计算，其算理都是将相同计数单位的数相加减，学生理解了整数、小数的算理自然就能理解分数的算理。二是要融通知识之间的关系。数学知识之间的关联十分密切，前面的知识是后续学习的基础。数学运算也是一样，后续的运算离不开前面所学的相关知识，因此，运算能力的提升还要打通这样的关联。从长程教学看，就是要建立前后知识的联系。如果学生不理解计数单位的概念，就难以理解数位对齐的道理；不掌握小数的基本性质，就难以把除数是小数的除法转化为除数是整数的除法来计算。

(3) 有利于解决问题能力提升

无论是主题式活动还是项目式学习，因其综合性强，都需要统筹设计与实施。如关于"时间"的综合与实践，第一学段可以组织"时间在哪里"的主题活动，结合生活情境认识时、分、秒，感受时间的长短、了解时间的意义；第二学段可以组织"年、月、日的秘密"的主题活动，认识年、月、日乃至与前面所学的时、分、秒之间的关系，运用这些知识解释生活中的问题；第三学段可以结合外出旅游的行程安排，开展"最佳旅游方案"的项目式学习，运用已学过的有关时间的知识以及其他学科知识，进行调查分析，提出最佳方案。这是一个长程教学，学生在这样的过程中，会不断积累活动经验、感悟思想方法，形成和发展模型意识，逐步提高解决实际问题的能力，形成和发展核心素养。

3. 数学长程教学的实施策略

(1) 创设问题情境，实现知识的迁移

长程教学关注的是知识的关联，而高中阶段的数学知识关联性很大，这有利于学生长程地探索问题、积累经验，其中一种常见的策略就是迁移。为实的迁移，情境所呈现的问题，一定跟学生学习的关，以便能激活学生之前所积累的学习经验。

(2) 整合问题线索，把握知识的本质

数学知识具有严谨的结构性，但教材的可能将结构性的知识统一编排，而要根据学龄特征和认知规律分课时、分阶段地划分。原本结构化的知识就会分布在不同的课时的年段甚至不同的领域。这给学生系统学习的知识、整体建构知识体系带来了一定的成果进行长程设计，将有助于学生把握知识的结构。

(3) 设计问题主线，加强知识的辨析

对于同一知识领域的内容，往往需要在不断地辨析中理解，并加以应用。对于教学实施来讲，要以一个"主线"统领研究的问题，学生在相同或相似的主题中解决不同的问题，必将会主动思辨，发现问题的关键，掌握知识的本质。

第四章
核心素养视域下的高中数学教学课堂

第一节 高中数学核心素养的概述

一、高中数学核心素养的概念及理解

(一) 高中数学核心素养概念

PISA（国际学生评估项目）是一项由经济合作与发展组织统筹的学生能力国际评估计划。在PISA看来，数学素养是指个体识别和理解数学在现实世界中所起作用的个人能力，从而依据自身经验和判断来做出正确选择，成为一名能够独立思考、关心社会的公民，利用数学来参与到生活中满足自身需求，提升专业能力。数学素养是指学生通过数学知识、数学方法、数学应用等方式，在实际情境中从数学角度进行思考，用数学思想来解决问题，用数学方法来分析遇到的问题，从而形成数学学习所需的重要能力和品质等。具体来说，高中数学核心素养主要包括以下六个方面。

1. 数学抽象

数学抽象是指舍去事物的一切物理属性，得到数学研究对象的思维过程，主要包括从数量与数量关系、图形与图形关系中抽象出数学概念及概念之间的关系，从事物的具体背景中抽象出一般规律和结构，并且用数学符号或者数学术语予以表征。

数学抽象是数学的基本思想，是形成理性思维的重要基础，反映了数学的本质特征，贯穿在数学的产生、发展、应用的过程中。数学抽象使得数学成为高度概括、表达准确、结论一般、有序多级的系统。

在数学抽象核心素养的形成过程中，积累从具体到抽象的活动经验。学生能更好地理解数学概念、命题、方法和体系，能通过抽象、概括去认识、理解、把握事物的数学本质，能逐渐养成一般性思考问题的习惯，能在其他学科的学习中主动运用数学抽象的思维方式解决问题。

2. 逻辑推理

逻辑推理是指从一些事实和命题出发，依据逻辑规则推出一个命题的思维过程，主要包括两类：一类是从特殊到一般的推理，推理形式主要有归纳、类比；一类是从一般到特殊的推理，推理形式主要有演绎。

逻辑推理是得到数学结论、构建数学体系的重要方式，是数学严谨性的基本保证，是人们在数学活动中进行交流的基本思维品质。

在逻辑推理核心素养的形成过程中，学生能够发现问题和提出命题，能掌握推理的基本形式，表述论证的过程，能理解数学知识之间的联系，建构知识框架，能形成有论据、有条理、合乎逻辑的思维品质，增强数学交流能力。

3. 数学建模

数学建模是对现实问题进行数学抽象，用数学语言表达问题，用数学知识与方法构建模型解决问题的过程，主要包括在实际情境中从数学的视角发现问题、提出问题、分析问题、构建模型、求解结论、验证结果并改进模型，最终解决实际问题。

数学模型构建了数学与外部世界的桥梁，是数学应用的重要形式。数学建模是应用数学解决实际问题的基本手段，也是推动数学发展的动力。

在数学建模核心素养的形成过程中，积累用数学解决实际问题的经验。学生能够在实际情境中发现和提出问题，能够针对问题建立数学模型，能够运用数学知识求解模型，并尝试基于现实背景验证模型和完善模型，能够提升应用能力，增强创新意识。

4. 直观想象

直观想象是指借助几何直观和空间想象感知事物的形态与变化，利用图形理解和解决数学问题的过程，主要包括借助空间认识事物的位置关系、形态变化与运动规律，利用图形描述、分析数学问题，建立形与数的联系，构建数学问题的直观模型，探索解决问题的思路。

直观想象是发现和提出数学问题、分析和解决数学问题的重要手段，是探索和形成论证思路、进行逻辑推理、构建抽象结构的思维基础。

在直观想象核心素养的形成过程中，学生能够进一步发展几何直观和空间想象能力，增强运用图形和空间想象思考问题的意识,提升数形结合的能力,感悟事物的本质,培养创新思维。

5. 数学运算

数学运算是指在明晰运算对象的基础上,依据运算法则解决数学问题的过程,主要包括理解运算对象,掌握运算法则,探究运算方向,选择运算方法,设计运算程序,求得运算结果等。

数学运算不仅是数学活动的基本形式,也是演绎推理的一种形式,更是得到数学结果的重要手段。数学运算是计算机解决问题的基础。

在数学运算核心素养的形成过程中,学生能够进一步发展数学运算能力,能有效借助运算方法解决实际问题,能通过运算促进数学思维发展,养成程序化思考问题的习惯,能形成一丝不苟、严谨求实的科学精神。

6. 数据分析

数据分析是指针对研究对象获得相关数据,运用统计方法对数据中的有用信息进行分析和推断,形成知识的过程,主要包括收集数据,整理数据,提取信息,构建模型对信息进行分析、推断,获得结论。

数据分析是大数据时代数学应用的主要方法,已经深入现代社会生活和科学研究的各个方面。

在数据分析核心素养的形成过程中,学生能够提升数据处理的能力,增强基于数据表达现实问题的意识,养成通过数据思考问题的习惯,积累依托数据探索事物本质、关联和规律的活动经验。

(二) 数学核心素养的理解

在很多教师的眼中,学生的核心素养要能够跨学科来进行综合性培养。但发展核心素养必须借助各学科的教学来进行。每一学科都有着自身独特价值,能够发挥学科独特的价值,在培养各级学生核心素养时发挥重要的作用,数学学科也是非常特殊。

1. 数学核心素养的含义

数学核心素养以数学课程的学习为载体,注重引导学生理解和掌握数学教材内容,培养个体数学思维和关键能力。数学核心素养形成于学生学习数学知识的过程中,有助于他们理解和掌握数学知识与技能。一般而言,数学核心素养与知识技能有很大不同,高于数学知识技能,要求发展学生的能力,反映出数学学科的本质及数学思想的发展,有助于发展自身适应未来终身发展的能力。此外，数学核心素养与数学学科的内容和教学目标有着紧密联系，帮助教师和学生理解数学内容的本质，有助于设计好课堂数学教学过程，积极开展数学学习评价，发展个体数学学习的意义，帮助其体会到数学的重要价值。

在未来，数学核心素养能够满足个人成为一个会关心、会思考的市民所需要而且必须要具备认识自然的知识，从而理解数学在自然和社会生活中的重要地位，依据数学知识来做出自我判断，积极参与数学活动。在日常生活活动中，学生要依靠数学学习来建立起认识、理解和处理周围事物所必须具备的品质和能力，养成运用数学眼光和思维来观察生活，从而找到解决问题的方法和策略。一般来说，人们日常所遇到的问题很多都是数学问题，哪怕不够明显，但也与数学有着直接或明显的联系。具备数学核心素养能力的人可以从数学角度去思考和研究问题，运用数学思维和方法来解决遇到的问题，有效提升生活的质量和效率。

数学核心素养反映了数学的基本思想和学习数学的关键能力。数学基本思想是数学发展所依赖、所依靠的思想。数学发展所依赖的思想在本质上有三个，即抽象、推理、模型，其中抽象是最核心的。通过抽象，在现实生活中得到数学的概念和运算法则，通过推理得到数学的发展，然后通过模型建立数学与外部世界的联系。数学基本思想是研究数学科学不可缺少的思想，也是学习数学，理解和掌握数学所应追求和达成的目标。可见，数学抽象、逻辑推理、数学建模反映的是数学基本思想，是核心素养中最重要的数学思维品质。另外三个方面的核心素养，数学运算、直观想象和数据分析，可以理解为学习数学的关键能力和方法。当然，思维品质和关键能力并非截然分开的，抽象、推理和建模也是学习数学的重要能力。

2. 数学核心素养与学生发展核心素养的关系

数学核心素养与学生发展核心素养具有共同的属性，即都是核心素养，关注的都是学生深层的长远发展。核心素养关注学生一般发展，学生发展核心素养是针对学生在一个阶段的学习形成的一般发展的重要的和关键的品质与能力，如社会担当、人文底蕴、学会学习等。数学核心素养是学生学习数学的过程中形成的体现学科本质的具有一般发展属性的品质与能力。学生发展核心素养与数学核心素养二者之间有内在的联系，要理解学生发展核心素养与数学核心素养的关系。

首先，学生发展核心素养指向学生整体的全面的发展，是学生综合素养中的核心素养。数学核心素养作为学科核心素养处于学生发展核心素养的下位，同样指向学生发展核心素养，但数学核心素养并非全部属于学生发展核心素养，学科核心素养的总和不等于学生发展核心素养。一方面，学科教学不是学校教育的全部，学生发展核心素养并非全部由学科课程与教学完成；另一方面，学科核心素养大部分指向学生发展核心素养，但也不排除其中有一小部分只是针对学科内部的思维与能力，重点解决学科知识的理解所运用的思维品质与能力。就数学学科而言，数学核心素养中可能存在对于学科本身是重要的和关键的，而在学生的整体发展方面并非关键的核心素养。比如，数学中的几何直观，对于解决数学问题属于关键能力，可以作为数学的核心素养之一，但对于学生的一般发展未必是关键能力。

其次，数学课程与教学是实现学生数学核心素养的重要途径，也承担着形成学生发展核心素养的任务。数学课程与教学目标具有数学学科本身的特殊性，同时又是学生全面发展的组成部分，因此数学课程与教学的最终目标是促进学生的发展。数学的课程设计与教学过程，既关注学生的数学核心素养的形成，又关注学生发展核心素养。数学教学过程承担着数学教育目标的实现任务，也具有发展学生的一般核心素养的功能。

最后，学生发展核心素养具有跨学科性。学校设计和组织的学科教学以外的各类活动对于学生发展核心素养发挥着重要作用，但不意味着学生的核心素养一定要通过跨学科的方式实现。每一个学科都有培养学生学科素养的任务，同样也是实现学生发展核心素养的重要载体。学生的核心素养既有跨学科性，又必须通过各学科的课程教学实现。

二、高中数学核心素养的特征

数学核心素养既具有学生发展核心素养的属性，也具有数学学科的属性。林崇德认为，核心素养具有六个方面的特征：核心素养是所有学生应具有的最关键、最必要的基础素养；核心素养是知识、能力和态度等的综合表现；核心素养可以通过接受教育来形成和发展；核心素养具有发展连续性和阶段性；核心素养兼具个人价值和社会价值；学生发展核心素养是一个体系，其作用具有整合性。依据数学核心素养的特征，结合对数学核心素养的理解，数学核心素养的主要特征包括综合性、学科性、关键性、阶段性和持久性。

第一是综合性。综合性是指核心素养能够综合体现出数学学科的知识、能力和思想，数学知识和能力可以视为数学基础知识和基本能力的外在体现。在数学学习的过程中，广大数学教师不断启发和发展学生数学思维，引导他们把原有知识与方法和现有的问题情境进行有机整合，从而对数学问题形成新的认识，进而找到恰当的方法来解决遇到的数学问题。这一过程是学生综合运用数学知识与数学技能的过程，在运用过程中对所学的数学内容有深入理解，体会到数学思想的重要性。核心素养是通过数学基础知识学习和数学能力来实现的，并应用于解决问题的过程之中。在这一过程中，数学思想与学习态度等可以视为核心素养内在隐含的特质。

第二是学科性。核心素养要具备学科属性，这种属性与数学学科内容的特征及思维有着紧密的联系。数学知识与技能中又蕴含着与数学密切相关的思维品质和能力，因此数学知识总数体现在知识点的联系之中，体现着数学学科的特征，有助于学生形成数学核心素养。

第三是关键性。数学核心素养是学生在学习中所要具备的数学思维和能力。在课堂教学和教学设计过程中，学生要在理解和掌握技能的基础上运用不同的数学思想和方法来解决遇到的问题，而不是所有方法和能力都成为数学核心素养。实际上，数学核心素养体现了数学科目未来的发展趋势，要求学生能够理解和掌握数学知识，运用数学思维来解决某一类数学问题，而不是把知识应用于特定内容和问题情境之中。

第四是阶段性。在数学学习过程中，学生所形成的核心素养终身受用，这也是在不同学习阶段而逐步形成的。数学核心素养的阶段性特点体现在不同层次、不同学段的学生核心素养表现为不同能力和水平。数学的抽象思维表现为不同阶段有着不同的抽象水平，体现了抽象思维的不同阶段。数学核心素养的水平和层次是一个较为复杂的问题，不同阶段的学生表现出不同的素养，体现出不同的特点。

第五是持久性。持久性是学生在长期学习中要具备的使自己终身受益的关键思维和能力，这有助于加深他们对高中数学教材的理解和掌握，还能伴随他们一生的进步和学习，使其能够在未来从容地面对社会中的工作与生活。数学学习需要抽象能力，其他学科同样也需要有抽象思维。在数学学习之外，学生还会遇到生活和工作中的实际问题，这同样需要有抽象思维，这种思维也会伴随学生的终身学习过程，这体现出核心素养的持久性。

学生的数学核心素养培养需要贯穿于整个数学教学阶段，广大教师要认识到数学核心素养教育在培养学生关键能力学习中所体现的重要性，在数学学科中积极落实核心素养理念，在教学中通过不断探索和实践来落实数学课堂具体教学的策略和方法。

第二节 高中数学课堂教学中核心素养的培养途径和方法

一、基于核心素养规划教学认真备课

核心素养的培养，从备课中就应该体现出来。一般来说，备课就是教学设计，在教学设计中，就应该将核心素养的培养意识和方法渗透进去，才能取得更好的教学效果。不过在《义务教育课程方案和课程标准（2022年版）》指导下，它强调的是"采用系统设计

教学的原理来进行的"。当代著名教学设计理论家迪克和赖泽称当今的备课为系统化备课，他们认为："备课就是对长期或短期的教学活动做出计划，所以，备课也就是规划教学"。在新课程背景下，用系统方法把各种教学资源有机地组织起来，对教学过程中相互联系的各个部分的安排做出整体规划，建立一个分析和研究的方法，制定解决问题的步骤，对预期结果进行分析，这一过程就是备课。实际上，所谓备课，也就是为了达到教学目标，对教什么、怎样教以及教出什么效果所进行的设计。

理解备课的含义，要注意以下要点：备课的目的是要促进学生产生预期的变化；教学的目标应当体现为学生的发展而不是教师做了些什么；备课的重点是要对资源和程序做出有利于学生学习的安排；备课的操作是"设置教学事件"，以唤起、维持和推动学生学习；备课的成果是制定符合学生实际的处方，有效解决教与学中的问题。

（一）备教材

1. 确定教学目标

教学目标是通过教学活动以后，学习者应该掌握的知识和技能，发展的能力，培养的态度，情感和形成的观念等指标，一般应该用可观察、可测定的行为术语精确地表达出来，同时，教学目标也要尽可能反映学习者内部的变化。教学目标是教学活动的出发点和归宿，是学习者通过教学以后能做什么的一种明确、具体的表述。它的基本要求是科学性、合理性、明确性，以及可检测性。明确的教学目标是高质量教学的必要条件。教学目标的制定是否准确清晰，直接影响教学环节的设计和实施，制约教学活动的展开，并最终影响教学目标的达成。教材分析主要解决教什么、学什么的问题，一般从以下几方面分析教材：分析学习主题的知识结构、地位作用，以及重难点；分析学习主题所使用的教材特点、体例、呈现方式、编写意图。站在《义务教育课程方案和课程标准（2022年版）》的高度去分析教材，简单写出单元教材分析和课时教学分析。

2. 备好习题和组织练习

思维与解题过程的密切联系是公认的，著名的心理学家吉霍米诺夫曾经具体地阐述过这种联系："在心理学中，思维被看作是解题活动"。著名的数学教育学家波利亚有如下论述："掌握数学意味着什么呢？这就是说善于解题，不仅善于解一些标准的题目，而且善于解一些要求独立思考、思路合理、见解独到和有发明创造的题目。"在备课的过程中教师要利用经过精选的、巧思独具的习题对学生进行训练，提高学生的创造性思维能力。虽然思维并非总等同于解题过程，但是，思维形成的最有效的办法是通过解题来实现的。正是解数学题的过程，可以在达成知识技能目标的同时，自然使学生发展创造性的思维。数学教学的基本目标多是在解题教学过程中实现的。因此，备课时，例题和习题的设计和选择显得尤为重要，它是备课过程不可忽视的方面。在例题和习题设计选择中应注重基础性、典型性、示范性。通过选择一些典型的题目，启发学生从多角度去认真寻找解题办法，不仅使知识的应用具有很大的覆盖面，而且能够满足不同层次学生的求知需求，激发学生的学习兴趣，对培养学生的思维能力和综合运用知识的能力具有事半功倍的作用。要遵循教学规律，坚持科学训练，不搞"题海战术"。

（二）备学生

深入了解学生的情况、了解学习的重要意义、了解学生现状是教学活动的起点，可以使我们知道将要进行的教学活动从哪里开始，该向什么方向走，甚至该在哪里多停留一会。关注学生是否具备将要进行的数学活动所必需的知识与方法，即与已有知识的联系；了解学生的思维水平、认知特征、对数学的价值取向、学生之间的数学基础差异等。这些都是备课要做的。

学生是教学的主体，学生是数学学习的主人，教师是数学学习的组织者、引导者与合作者。有效的数学学习活动不能单纯地依赖模仿与记忆，动手实践、自主探索与合作交流是学生学习数学的重要方式。学生的数学学习活动应当是一个生动活泼的、主动的和富有个性的过程。新课程的教学活动要为每位学生的发展创造合适的学习条件，即着眼学生基本素养的全面提高，引导学生生动活泼地主动学习，促进全体学生的最大发展。创新精神和实践能力是学生发展的重点素质，教育以培养学生的创新精神和实践能力为重点，在备课中，要考虑培养学生收集和处理信息的能力、获取知识的能力、分析和解决问题的能力以及团队协作的能力。为了培养学生的创新精神和实践能力，备课时要安排一系列的"教学事件"，并提供相应的教学条件，通过教材呈现方式的变革、活动任务的交付、教学方式与师生互动方式的变化，最大限度地组织学生亲历数学探究的过程，在动手、动脑和做中学、用中学的协作参与中，发展他们的个性和能力，培养学生的创新精神和实践能力。

（三）备课应具有的几种意识

1. 研究意识

首先，研究《义务教育课程方案和课程标准（2022年版）》，准确定位课堂教学。《义务教育课程方案和课程标准（2022年版）》是教材编写、教师教学和考试命题的依据，是指导性文件。教师应激发学生的学习积极性，向学生提供充分从事教学活动的机会，帮助他们在自主探索和合作交流的过程中真正理解及掌握基本的数学知识与技能、数学思想和方法，获得广泛的数学活动经验。学生是数学学习的主人，教师是数学学习的组织者、引导者与合作者。认真解读这段话，对教师准确把握教学起点、恰当选择教学方法、确定自己在课堂中的角色都有着非常重要的意义。其次，研究教材，透彻理解编写意图。数学教材是教师上课的主要教学依据，新教材为学生的学习活动提供了基本线索，是实现课程目标、实施教学的重要资源。教师在备课时要树立整体观念，从教材的整体入手通读教材，了解教材的编排意图，弄清每部分教材在整个教材体系中的地位和作用，用联系、发展的观点，分析处理教材。首先要通过教材分析，弄清它的地位、作用和前后联系，以把握新旧知识的链接点和学生认知结构的生长点。怎样理解编者的意图呢？有效的方法是多问几个为什么。然后，研究学生，找准课堂教学的切入点。学生是教学过程的主体，学情是教学的出发点，只有了解学生，才能有的放矢、因材施教，避免无效劳动，提高课堂教学效率。建构主义学习理论认为，学习者并不是空着脑袋进入学习情景中的，教师的教学不能忽视学生已有的经验，而是应当把学习者原有的知识经验作为新知识的生长点，引导学习者从原有的知识经验中生长出新的知识经验。为此，备课时必须重视对学习者的分析。

2. 课程资源开发意识

重视课程资源的开发和利用是新一轮课程改革提出的新目标，其目的是改变学校课程过于注重书本知识传授的倾向，加强课程内容与学生生活及现代社会和科技发展的联系，关注学生的学习兴趣和经验，使课程适应不同地区不同学生发展的需要。尽管教材为学生提供了精心选择的课程资源，但教材仅是教师在备课时所思考的依据之一。教师在细心领会教材的编排意图后，要根据自己的学习实际，对教材内容进行灵活处理，及时调整教学活动。例如调整教学进度、整合教学内容等，对教材做二次加工，使教材成为"学材"。教师除了要有效地挖掘教材资源外，还要注意创造性地开发和利用其他教学资源。数学来源于生活，社区、家庭中有大量的与数学教学相关的课程资源。如果我们在教学时能够合理利用，对激发学生的学习兴趣、拓展学生的知识面大有好处。随着社会的发展和人民生活水平的提高，电视、广播、计算机已经进入普通百姓家，学生获取信息的渠道越来越多，其知识面也越来越广。现代社会是一个网络化、信息化社会，教师可以在网上收集一些与教学相关的题材，以充实、丰富课本内容。

3. 预设与生成意识

教学的对象是学生，学生的真实状态是决定课堂教学一切活动的出发点。学生主体参与教学就是学生进入教学活动，能动地、创造性地完成学习任务的倾向性表现行为。现代教学论认为，学生的数学学习过程是一个以学生已有的知识和经验为基础的主动建构过程，只有学生主动参与到学习活动中，才是有效的教学。教师在备课时要树立以学生为主体的意识，要注意以下几点。首先，体现学生的自主性和活动性。设计一些能够启发学生思维的活动，让学生通过观察、试验、归纳、猜想、论证，获得发现、创新的体验，通过论证有疑惑的问题，以正确结论统一他们不同的意见，建立正确的认知，引导他们使用数学语言、数学模型或其他的表达方法来交流表达自己的思想。其次，体现数学问题的情境性和可接受性。设计一些问题情境，其中解决问题所需要的信息应该来自学生的真实水平，使他们可以将数学问题与已有的知识结构联系起来。为了保证课堂上所有学生都能够轻松地解决问题，任何活动的基本水平，要么定位在学生已有的经验、知识基础上，要么定位在一些学生很容易掌握的知识上。随着学生的知识和信息不断丰富，可以向学生介绍更多类型的问题情境，这样才能使学生掌握问题解决的一般规律。最后，质量效率意识。进行课堂教学改革，归根结底是为了提高教学质量，促进学生掌握知识，形成能力，实现个性的健康发展。课堂教学应使学生在掌握基础知识与基本技能的同时，形成正确的价值观。因此，备课时，对教学的各个环节都要精心设计、全面考虑，确保在课堂教学实施过程中的有效性。

二、教学评价推动学生深度认可核心素养

教学评价，对于核心素养的培养有着价值判断和促进作用。在高中生数学核心素养培养过程中，需要有一个科学合理的评价体系。教学评价是指依据教育方针、一定的教学目标和教学规范标准，利用所有可能的评价技术对教学效果和教学目标的实现程度等做出价值上的判断，以期改进教学工作。教学评价要注意以下问题：第一，教学评价是以教育方针、教育目标为依据的；第二，教学评价是一个过程，它包含着一系列的步骤与方法；第三，教学评价是教学工作的一个重要组成部分，直接作用于教学活动的各个方面；第四，教学评价的最终目的，是用一定的价值标准对学校的教学情况进行价值判断，以改进今后的工作。合理的评价，能够让学生更加认可核心素养。

（一）教学评价的原则

原则是客观规律在人们头脑中的反映，是指导人们行动的准则。教学评价原则是指在进行评价时，评价者必须遵循的基本要求。

1. 方向性原则

教学评价必须以党和国家的教育方针，国家颁布的课程计划、课程标准，国家正式审定的评价对象为依据，通过评价使教学坚持正确的方向，促进学生的全面发展。对教学的评价要全面，要体现出教学要求的目标方向，既要评价知识、技能的掌握情况，又要评价智能发展和思想道德水平提高情况；既要评价教师在课堂教学中的表现，又要评价学生的参与情况；既要评价教学是否面向全体学生，是否全面完成课程标准规定的教学任务，又要评价其是否达到了课程计划中规定的培养目标。在高中数学核心素养背景下，自然应该以核心素养培养情况为方向之一。

2. 科学性原则

教学评价必须具有可信度与可靠性，必须建立在科学的基础上，有充分的科学依据和科学方法。教学评价要以正确的教育思想和教学理论为指导，遵循课堂教学的规律、原则，适应深化课堂教学改革的要求和各学科的特点。在建立教学评价指标体系时，要有相应的理论依据，每个指标项目要有相对独立的、准确的科学含义。在确定各项指标的评价标准时，要考虑到指标本身的科学内涵和操作的方便实用。教学评价的方法要力求科学、完整。在评价过程中，要根据教学目标与教学的管理要求，注意从教学过程入手，从教学的计划设计、备课上课、批改作业等方面进行。在评价信息收集、处理上，要力求全面、客观、公正，注意其可靠性和合理性。

3. 客观性原则

教学评价必须采取客观的实事求是的态度，要客观地反映被评价对象的真实价值，不能主观臆断或掺杂个人感情。在编制评价指标体系时一定要进行深入的调查研究，广泛地征求教师的意见，使评价指标体系尽可能准确地反映教学的实际情况。在评价过程中，评价者要熟悉评价指标体系和指标的界定，并严格按标准实施。确定评价标准时，不能为了照顾某一评价对象，或为了排斥某一评价对象，把不应列入的条件都列入进去。标准一旦确定，任何人都不能随意改动，如果教学评价是客观的，就会激发师生的教与学；如果评价不是客观的，就会挫伤师生的积极性。因此，客观性原则对于教学评价至关重要。

4. 整体性原则

教学是教师教与学生学的双边活动，也是促使学生的知识、能力、智力、品德发展的过程。构成教学过程的诸多因素如师生、评价对象、设备等，不仅各自发挥作用，而且相互关联、相互影响，形成整体的功能。因此，教学评价时要注意影响教学质量的诸因素以及它们之间的联系，要抓住主要矛盾，全面系统地进行分析评价。在确定指标时，要从整体出发，分析各个因素在教学过程中的地位和它们之间的联系，根据各自在教学过程中的作用及其效应，确定指标及其权重。在评价时，要注意在教与学、传授知识技能与能力的提高和智力的发展、教学与教育这三种主要关系上处理是否恰当。在评价时，还要注意教学安排是否符合学生的认识规律，教师、学生、评价对象、设备之间的关系是否达到了整体优化。

5. 目的性原则

教学评价实际上是一种管理手段，每一次评价就是对教学进行一次调控。目的性原则是指在进行评价时必须有明确的目的，每一次评价一定要有具体目的，不能为评价而评价。评价的具体目的决定采用什么样的评价标准，也决定评价的具体做法。教学是一种有目的的活动，所以评价决不能随心所欲，愿意评什么就评什么，愿意怎么评就怎么评。

6. 可行性原则

教学评价要从当地教学实际情况出发，评价的内容、方案、指标、方法等都要符合当地的具体条件，并且能够实行。在编制评价指标体系时，要充分考虑当地教学实际水平。过低，起不到评价的激励作用；过高，绝大多数教师经过努力也达不到，会使教师失去信心和兴趣。评价的方法要简便易行，能为教师、教学研究人员和学校领导所理解、掌握。

7. 评价和指导相结合原则

评价是按照一定的原则、标准对评价对象已完成的行为做出肯定或否定的判定，使被评价者从中受到启发和教育。指导是评价的继续和发展，它把评价的结果上升到一定的理论高度加以认识，并根据评价对象所具有的主客观条件，从实际出发，使评价对象能掌握自身在今后一个时期内的发展方向。从教学管理上讲，有对教学问题的评价，就有对教学问题的指导，否则评价就失去了意义和价值。从评价到指导，再从指导到评价，循环往复，这是提高教学质量，保证教学沿着科学性轨道发展的关键。

8. 自评和他评相结合的原则

教学评价的根本目的是提高教学质量，因此，把评价的标准、原则和方法交给师生，让他们在教学实践中经常进行自我评价，会不断地改进师生的教与学，有利于提高教学质量。在自评的同时重视他评，可有针对性地对某一教学问题进行专门评价，能准确地发现教师教学的优缺点，有利于明确今后的努力方向。

（二）教学评价的方法

1. 确定评价主体

评价首先要确定价值主体，客体的价值是相对于某一特定主体的需要而言的。在价值关系中，价值主体的需要是处于支配地位的，它是衡量客体价值的尺度。对于具有不同需要的主体而言，同一事物可以具有不同的价值。客体的价值都是相对于特定的价值主体的特定需要而言的，而人的需要是多层次多维度的复杂体系，因此某一事物的价值总是相对于某一种或几种需要而言的。

2. 确定评价视角

评价视角是价值关系中主体与客体的交汇点，或说是评价主体所意识到的价值关系的主体与客体的交汇点。价值客体无论多么微小简单，它都是一个复杂的多面体，并且它还不断变化，而人的需要也是多方面的且变化多端的。所谓以人的需要来衡量客体，如果没有具体的限定，是根本无法进行的。在实际中，人们并不追求在所有方面对客体做出评价，而是根据实践的需要选择确定的评价视角，即在对客体和主体都做了必要的限制的前提下，以主体某一时空内的某种需要来衡量某一时间内的价值客体的某一方面。简单地说，只有确立了评价视角，人们才能知道所要评价的究竟是客体的哪一方面。

3. 确定评价参照物

评价参照物是评价者所选择的判定价值客体价值的比较范围。当有一系列与客体甲相似的价值客体都与主体形成了或可能形成价值关系时，为了评价客体甲的价值，就需要将客体甲与其他客体比较。评价参照物是评价者根据评价活动的目的，基于自身的知识水平而对客观存在的客体与主体关系的可比较范围的观念性把握。实际上，对某客体的评价总是相对的，是与其他客体相比较而言的。因此，为了评价客体价值，必须更多地把握与客体相关的其他客体的信息，才能对价值客体的意义做出比较有效的衡量。有时，即使是从同一视角对同一价值客体做评价，如果评价参照物不同，评价结论也会不同。

4. 确定评价论域

评价论域是指价值客体能够充分展现其功能、发挥其作用所需要的环境条件。虽然客体自身的结构、属性决定了客体具备某些功能，但是这些功能能否发挥出来还受到外部环境的制约，价值客体的现实功能是客体内在结构与外部环境相互作用的结果。任何一个评价对象都有其适用的条件，这些条件包括师资、设备、资金、管理体制等，对评价对象价值的判定必须明确它所适应的条件。

5. 确定评价标准

评价标准是评价的核心，评价标准来自价值主体，是以价值主体的需要为基础和根据而建立起来的。评价对象评价的标准来自对评价对象的价值主体——学生与社会需要的分析，也就是说，评价标准是从对价值主体需要的分析衍生出来的。学生的需要是共性与个性的统一，即全体学生有共同的需要，每名学生又有自己的特殊需要。一般来说，学生的需要是在身体和心理两方面都获得全面的、持续的发展，学生有通过评价对象学习知识、发展能力、形成健康人格、确立积极的世界观和价值观的需要。社会对评价对象的需要包括评价对象应该为社会培养劳动者，为社会创造物质财富；评价对象应该能够传承文化，即将人类的全部文化遗产传递给下一代，使人类文明得以延续并得到持续发展；评价对象应该促进学生的社会化，即使学生内化社会价值观念、道德规范、政治法律制度；评价对象还应该使学生具有创新精神与能力，能够为人类文明的宝库增加新的财富；等等。但是上述这些需要只是一般性的分析界定，不同时期、不同社会、不同理论流派以及不同的人由于价值取向不同，对学生和社会的各种需要的侧重点也是不同的，这就导致不同时期、不同社会、不同理论流派和不同人对评价对象的评价标准会有差异。

6. 确定评价方法

评价方法是指经过什么途径、采用哪些手段对评价对象进行评价。目前评价对象评价的方法有这样几种：一是评价者依据经验对评价对象文本进行整体评价；二是评价者依据一套评价指标体系对评价对象进行分析性的评价；三是评价者直接对评价对象文本进行定量的内容分析；四是评价者通过问卷调查或访谈了解各类人群对评价对象的评价意见；五是评价者观察评价对象在教学中的使用情况。这几种方法常常被结合起来运用。评价方法的选择往往会对评价结论产生影响。

7. 做出价值判断

当评价者获得了充分的信息后，就要对评价对象做价值判断。不仅评价者要做价值判断，评价对象决策者或审议者都会做出自己的价值判断。任何一个价值判断都不可能是完全客观的，评价者的知识结构、专业背景、社会角色、个性特征特别是价值观都会渗透到评价过程中，使评价过程和评价结果成为与评价主体不可分离的东西。我们要做的并不是追求所谓不带有任何主观因素的纯客观的评价，而是要认清评价主体的主观因素如何影响评价过程与评价结果。

（三）教学评价的意义

搞好教学评价，对于深化教学改革、提高教学质量具有重要的理论意义和实际意义。

科学的评价，是推动高中生数学核心素养发展培养的有效保障。尤其是在中国，科学评价制度建立，对于高中数学核心素养培养有着独特的意义，因为中国高中教学评价制度过于偏重成绩，这并不利于核心素养培养。

1. 教学评价是发展现代教育事业的需要

教育要面向现代化，面向世界，面向未来，教育要走上提高民族素质，多出人才，出好人才的轨道上来，就必须重视学校的教育、教学工作，就必须对学校的教学工作进行有效的评价。这是把握教学实际，获得反馈信息，进行科学决策的正确途径。重视研究教育和教学评价，已成为世界各国教育管理普遍的、一致的要求。联合国教科文组织把各国教育行政人员（学校干部和教育行政干部）有没有相当的教育教学评价能力作为评价一个国家教育发达程度和教育效能的一种依据。对学校教育质量、教学效果的评价与检测已被看作探讨、研究现代教育发展的基础性工作之一。美国、日本、英国、法国、德国等都非常重视教学评价工作，积极探讨、研究各种适应评价的可行方法，以对学校教育、教学、课程、评价对象、教法以及学生掌握知识情况做出恰如其分的评价，并力图以此为手段，来促进教育、教学目标的实现，培养出合格人才。教学评价体现了现代教育发展的世界性趋势，是现代教育事业发展的需要。

2. 教学评价是核心素养培养的需要

教学评价是教学工作的一个重要组成部分。教学的基本目标是什么？怎样根据教学目标确定教学方法？教学水平高低的标准是什么？是否按照教学规律教学？怎样考核教师的教学工作？如何考核学生各学科以及他们在德、智、体、美、劳诸方面的发展与进步？对这些能否做出科学的、准确的评价，直接决定着教学效率和教学质量的高低。通过教学评价可促使教师自觉地按教学规律办事，可对教学工作中每个阶段和每个环节不断调控，促使教学工作向规范化、科学化方向发展，保证教学的质量和效果。这一切的目标都是为了提升学生的核心素养。

3. 教学评价是推动教学改革的巨大动力

教学评价就是对教学活动的价值和教学效果进行判定。这种判定不仅要运用现代教育的观念，而且要求评价内容、标准和方法都要符合教学改革的需要。在教学思想上，要求教书育人，要求把传授知识和培养能力、发展智力结合起来；在教学内容上，要注重处理教学与发展的关系、现代科学技术发展和现行评价对象的关系以及教学目标制定等问题；在教学方法上，要着眼于传统的教学法与现代的教学法相结合，理论与实践相结合；在教学模式上，要着眼于调动学生学习的积极性、主动性和创造性，培养学生的自学能力等。

因此，科学的教学评价对于改革同社会主义现代化不相适应的教学思想、教学内容、教学方法、教学模式具有重要作用，它是推动教学改革的巨大动力。同时，任何教学改革实验，从方案设计、实验过程到实验结果的评定，都需要有一套完整的教学评价制度。没有科学的教学评价，教学改革工作就很难全面展开。

4. 教学评价是加强教师队伍管理科学化的重要手段

学校的各项工作，尤其是教学工作质量的高低，关键是看教师这支队伍作用发挥得怎样。建立教学评价制度，能实事求是地评价教学工作，真实地反映教师的工作实绩。它不仅能起到对照标准找差距的自我认识作用，而且能唤起被评价者之间、后进与先进之间比、学、赶、帮、超的激励作用。这会对教师形成压力，带来动力。教学评价还可以对教师的晋升、评优及任用等提供重要依据，对成绩优异者予以重用，对不合格者给予培训或调离现职，从而加强教师队伍管理的科学化，调动教师教学的积极性。

（四）基于数学核心素养的教学评价

数学核心素养长期渗透在数学教育中，是经历一个长期的过程形成的，是学生综合能力的体现。传统的纸笔考查无法评价，如何对数学核心素养进行评价，以下是笔者对相关内容作的总结。

1. 互生发展评价

互生发展评价是基于数学核心素养下的一种新型学生评价，通过寻找能够使学生获得更好发展的关键因素，通过教育内部的各种评价功能以促进学生、教师、家长以及其他社会相关人员的共同发展，促进教育改革顺利完成的一种系统的、开放的、发展的、可持续的评价。互生发展评价是将与教育相关的要素多层级地关联在一起，它能够评价的对象极多，相比较用于反馈评价的传统终结性评价，互生评价可以贯穿学生行为的全过程，能够最大化地发挥关联价值。这种评价能够因人制宜，真正实现学生个性化发展，这个评价过程是逐步从外评向自评的自主过程。

2. 基于问题情境考查学生解决问题的能力

数学核心素养可以表现为在面对真实问题的时候，运用数学思维能力解决数学问题，也正体现了数学的应用意识，考查了学生解决实际问题的能力，基于问题情境考查学生解决问题的能力是最基本的评价方法。

3. 依据活动考查学生核心素养

数学教育家斯托利亚尔指出："数学教学是数学活动的教学。"早在20世纪80年代美国里昂勒德曼就提出"动手做"的学习活动是一场有目的的进行数学行为和思维的操作，但是它不仅仅是动手的操作，更是包含着动脑思考和开口表达的活动，主张学习者所必备的一种积极主动的学习态度和方式，并能在学习过程中表现出独立思考能力和思维方式。

4. 通过表现性评价判断学生核心素养

评价不仅仅是检验学生学习的成果，更是对学生学习过程的检测与监督。科学的评价方式，能够同时促进教师的教学方式和学生的学习方式。因此，教师要观察学生们的表现进行评价，对相应的数学核心素养做出准确判断。

5. PISA 数学素养测评

PISA 数学素养测评考查的不是纯粹的数学，而是面对生活的挑战时，能否选择得当的数学内容和手段解决问题，在重视学生基本知识的基础上，更加重视培养学生运用知识解决问题的能力，将数学与生态、经济发展、科技相结合。基于以上，PISA 素养测评分别从内容、过程和情境三个维度建立框架全面考查学生数学素养。其中内容维度包含了4方面的知识内容（变化与关系，空间与图形，数量，不确定性与数据）；过程维度包含了3种过程（数学表述，数学运用和数学阐释）和7种能力（数学交流，数学化，数学表征，数学推理与论证，使用数学工具，设计问题的解决策略，使用符号、公式、专业语言和运算），揭示了学生解决数学问题的思维过程和在数学思维过程中体现的数学基本能力。因此，PISA 素养测评能够从多方面、多层次对学生进行评价，能较好地促进学生和教师深刻地理解数学核心素养，使数学学习和生活有机结合。

第三节 核心素养理念的高中数学高效课堂建构策略

一、基于核心素养背景下高效课堂建构策

（一）有效准备策略

有效教学应该是有精心的准备和计划的、注重个体差异的教学，强调教学目标明确，集体备课，对教学内容合理梳理，对学生情况掌握准确，能有效因材施教。有效准备策略强调的就是备课的重要性，它是上好课的前提和基础。备课充分，上课时就会感到游刃有余，在面对各种教学突发事件时，会泰然处之，而不会束手无策，失信于生。在以前的教

学中，教师总是把课背得很死，解决一个问题用时多少，这节课必须完成的教学任务有几个，提几个问题，叫哪几位学生回答，最终导致了学生在课上只是一个机械性记忆器。教师讲多少学生学多少，布置什么作业做什么，学生不会自己安排学习任务，这也是为什么很多家长反映"现在的孩子们很懒，稍微有点转弯的题他们都不去做，不去思考"的原因所在。所以我们每位教师在教学中，一定要在课堂教学前精心准备，把课备活，还要尽可能做到有备无患，做到既要备好教材、备好学生，也要预测好教学过程中可能遇到的各种情况以便有效应对，减少意外的发生，还要精确把握课堂教学的各个节奏。做到课堂教学波浪式推进，使课堂教学时间优化，学生思维密度匀称。

（二）有效课堂讲授策略

讲授法是当前高中数学教学中广泛采用的教学方法。《义务教育课程方案和课程标准（2022年版）》倡导教师将课堂时间还给学生。因此，很多教师就把这理解为课堂上要少讲甚至不讲，出现的做法就是遇到问题就完全放手让学生去讲去做，没有具体的要求、提示和指导，于是出现学生会在一些非重点问题上纠缠太长的时间，而在一些重点问题上研究不一定到位，出现散乱的现象。表面上看课堂气氛活跃，发挥了学生的主体作用，实际上是教师主导作用的缺失，既浪费了时间，效果也不好。在当前《义务教育课程方案和课程标准（2022年版）》背景下，课堂教学缺少不了讲授法，因为讲授法拥有其他教学方法不具备的优点。具体而言，讲授法的优点有经济、简便、知识容量大、覆盖率高，它能在短时间内传授大量系统的知识，梳理和拓展各种片面零散的知识；讲授可以把抽象的数学问题与现实生活中的实例相联系，变得具体实在，让学生的畏难情绪减少；讲授法可以将数学教材中蕴藏的数学思想、数学思维方法等点出来、讲透彻；讲授过程会融进教师自身的许多素养，这对学生的影响是不容忽视的；讲授法还能使教师对班级进行更好的调控等。因此，有效教学必须要有一个科学、合理、有效的课堂讲授策略。而前面我们谈到有效教学对教师素养要求比较高，不仅知识渊博，还要充满智慧，需要教师应用教学智慧，对教学资源进行整合、配置和有效利用，以实现有效讲解，即不仅"肚里有货"还能将它积极有效呈现出来，不可以使学生成为被动灌输的机器。

（三）有效课堂提问策略

学问即有学就有问。课堂提问是激发学生积极思考的教师经常用到的教学手段，但提问也要讲究方式方法，好的问题既可以激发学生对问题进行深思熟虑，又能唤醒学生们小时候爱问为什么的那个学习者，为了问而问的做法，会让学生无从回答。然而，在当今数学课堂教学中出现的满堂问,以及教师发问多,引导学生发问少的现象还较为常见,给予学生问问题的时间和机会很少,再加上学生练习题多、难,学生变成只会问"老师,这道题怎么解?"久而久之学生的质疑精神就没有了,创新能力也逐渐消失,这也将成为我们教育即将甚至可以说是已经面临的一个严重问题。数学课堂上高质量的课堂提问,是一门教育艺术,要掌握好这门艺术,教师就应勤于设计问法,努力去激活学生的思维、学生的激情,问出学生的创造力。

(四)有效激励策略

有效教学强调课堂气氛轻松活跃,强调师生平等,建立朋友般的关系。在这样的环境中,学生敢想敢说,没有任何顾忌,愿意将自己心里的想法说出来,与教师交流,使问题得到满意解决,这样他就学得愉悦。而教师的激励,就能够为学生营造良好的学习氛围,这就强调了激励的重要性。现行的一些课堂缺乏有效激励,一些教师在课堂上只顾埋头教书,不注意把握时机对学生进行表扬,也不舍得花费那点时间和口水,使得课堂上要么没有激励,要么存在廉价的夸赞和怂恿。这种低效、无效激励的现状影响了学生的积极性,挫伤了学生的自信心。古人说过"水不激不跃,人不激不奋"。因此,一个好的数学教师,要上好一堂成功的数学课应该善于把握激励学生的任何机会,时时刻刻做好激励学生的准备,发挥这种激励的作用,有效激发学生的学习动机和学习兴趣,使学生变得愿学、乐学。

(五)有效的习题设计策略

在数学教学中,不解题那是不可能学会数学的,更不可能在高考中拿得高分,但这也不是说解很多的题目这个目标就可以实现。那么在有限的教学时间里,如何进行有效习题训练,教师的掌舵就显得尤为重要。教师如果注意习题设计,就可以实现学生在有限的时间之中轻松地、很好地掌握数学概念、数学定理,提升个人能力。因此,探寻提高练习有效性的途径和策略,也是提高课堂教学有效性的一个重要方面。《新课标》下的数学练习应着眼于学生的进步和发展,多进行有效练习的开发,把低效的练习放到最低水准,实现提高教学效益的同时,为学生最大可能地减负。我们应该清楚有效练习不是靠反复练习、多多练习让学生掌握知识的,而应该是在有效的时间和精力下做一些必要的有助于学生既能巩固所学基础知识,同时也能形成技能技巧,发展逻辑思维能力、解决问题能力的练习。因此,教师要在练习选取上多下功夫,多发挥自己的智慧。课堂教学目标为教师课堂教学指明了方向,每一道习题的选取也应该有针对性,要达到某个目标。因此,教师一定要围绕教学目标来设计练习题，如有些练习题目可以是为了让学生加深对某个概念或定理的理解；有些练习题目可以是为了让学生提高解题速度；有些练习题目可以是为了学生掌握某种解题技巧；有些练习题目可以是为了锻炼学生解决实际问题的能力；有些练习题目还可以是为了让学生纠正错误认识；等等。《义务教育课程方案和课程标准（2022年版）》要求不同的人在数学上要得到不同的发展，而且要根据学生的个体差异，实施差异教学。因此，教师在练习的选取上，要注意针对不同学生，设计有利于不同学生发展要求的题目，如对一些比较粗心的学生，就可以设计一些有陷阱的题目，实现提醒功效；对一些骄傲的学生，可以设计一些难度较大的题目，让他意识到自己的不足；对一些运算能力弱的同学，可以设计一些蕴含繁杂计算的题目，鼓励其认真演算等，让每一位学生都能获得成功的快乐。

二、核心素养与翻转课堂教学

新课程教育改革推动核心素养培养要求。新课程改革逐步深入，要求加强对学生学习能力的培养，核心素养也对学生的创新精神和思维能力提出了要求。翻转课堂教学模式中，学生的自主学习能力受到极大重视，学生的思维能力有明显促进，翻转课堂教学模式成为推动我国教学改革和教育发展的一个重要契机。随着互联网普及和教育信息技术的发展，社会已经进入信息化时代，互联网以及智能终端在中国城镇的普及程度很高，对于教育教学的影响渗透非常明显，加上教育信息技术本身的发展，包括学校信息技术基础设施建设，教学相关信息技术的普及与进步，以及教师信息技术教学水平的提高，使得翻转课堂教学模式的常态化应用具备了重要的前提和基础。毕竟，翻转课堂的教学，是以信息技术为基础前提的。翻转课堂，让学生的学习更加主动、更加自由，是一种很好的培养学生核心素养的方法。

（一）翻转课堂的概念和内涵

美国科罗拉多州落基山林地公园高中的两个化学教师乔纳森·伯尔曼和亚伦·萨姆斯为了解决学生因为各种原因缺课存在补课难的问题，将课堂教学内容的实时讲解与PPT演示的视频结合到一起，并上传到网络，那些课堂缺席的学生就可以通过这种方式补课。这一方式受到学生欢迎，逐渐形成"课前观看视频讲解，课上互动内化"的教课方式，跟传统的"上课听讲，课后完成作业"的授课方式颠倒翻转过来。基于微课的翻转课堂学习模式是指教师下载、录制、编辑、制作的学习视频，学习者利用手机微信或教室多媒体等，在业余时间观看视频、独立完成自测。然后，将信息反馈给老师，等到下节上课的时候，师生、生生之间面对面进行交流、讨论，学习者对不懂的知识点进行巩固和提高。通过这种方式教师可以顺利完成教学任务，学习者也可以完成对知识体系的架构。

从整个框架来看，翻转课堂是学习者在家里或者其他课余时间学习微视频，课堂上师生面对面一起讨论交流的学习模式。因此，一些学习者觉得它是一种将传统讲授式（先教后学）转变为"学生先学教师后教"的模式，与传统课堂在本质上并没有什么区别，只不过是将导学案改编成了微视频。归根结底，两者在很多方面有着本质上的不同。以下利用"四个衔接"来解释和具体论述，因而也将翻转学习称为"衔接学习"。

第一个衔接，是课堂与课外的衔接。课堂上按照翻转课堂的要求，将学生尽可能地平分为几个小组，各个小组在教师的指导下围在一起面对面交流同一个问题，彼此可以各抒己见，整理后形成结论，这个过程适合于步调一致的协同性学习，学习的时间和场所比较固定。而课堂外学生的学习时间和场所就比较灵活，学生可以按照自己的意愿选择适合学习的场所观看视频，这样课前学生学习的时间和场所就完全由自己掌控，不受教师的任何制约。学生可以根据自身的能力随时调整学习进度，教师也可以参考学生课前自主学习的实际情况，在课中适当调整学习计划，尽可能地留给学生更多的时间去参与学习活动，进而独立解决问题。

第二个衔接，是学生自主性学习与教师引导性教学的衔接。学生通过观看视频，自主探究教师布置的任务，对于当中不理解的内容或者模棱两可的知识点，通过微信群等反馈给教师，教师在课堂上针对学生的疑难问题进行分析，从而解决问题。从这个过程可以看出，学生成为整个学习过程的主体，但教师的作用仍然不容忽视。在翻转模式中，教师变成了整个学习过程的引导者，主要体现在以下两个方面：第一，学生虽然在课外可以管控自己学习的时间、节奏和方式，但是学生所观看的学习内容和学习要求都是教师提前帮他们准备好的，更准确地说，就连学生这节课需要思考和解决哪些问题都是由教师确定的。第二，在课中知识内化环节，虽然讨论交流的问题是学生在课前没有弄懂的内容，但是到了课堂中如何解决，解决到何种程度都是在教师的引导下完成的。

第三个衔接，是网络学习与书本学习的衔接。教育信息化越来越普及，各种各样的学习模式层出不穷，其中最受欢迎、最受学生喜爱的学习方式是将网络学习与书本学习有机地结合起来，创建一种适合多数学生学习的方式。大多数教育工作者认为，可以利用网络技术解决学生都不会的问题，即共性问题；利用书本解决极个别学生不会的问题，即个性问题。这是共性和个性的有机融合。

第四个衔接，是能力与素养的衔接。翻转课堂既是能力教育，更是素养教育，是能力教育与素养教育的完美结合。为了保证翻转学习在我国稳步的推进，我们就必须关注和警惕一个问题——伪翻转课堂。它的本质特征是衔接,因此,翻转课堂又称"衔接课堂"或"衔接学习"。

本书认为,它是互联网时代发展下的一场学习方式的变革,但不是对传统学校学习的"颠倒",准确地说是对传统讲授式学习的一种改善和创新。因为以学生为中心的学习模式已是大势所向,是不可能改变的事实,学校教育不能视而不见,听而不闻,而要积极应对,寻求解决办法。

(二)翻转课堂三个环节设计

基于微课的翻转课堂在高中数学学习过程中的融合,反映在学生学习过程的每一个环节,教师应该逐个设计和突破。为此,主要从以下三个环节来设计翻转课堂的学习过程。

1. 课前自主学习环节设计

翻转模式要求学生上课前根据自己的时间自行学习视频资料,并完成自学环节设置的一系列思考问题。在这个环节中,教师应该依据自己所带班级学生的实际情况,亲自动手制作微课视频或者下载适合学生的视频,最好将抽象的数学概念转化为通俗易懂的语言,使学生在观看视频时像在看很受欢迎的一部电影,这样可以帮助他们快速地进入学习。举例来说,在函数奇偶性的学习过程中,教师先播放一段自制的微课视频,在视频播放的过程中教师应该一边演示一边讲解,帮助学生深刻理解奇偶性的概念,让学生初步理解这一概念的形成过程。其次,教师引导学生从对称性和单调性两个角度分别观察函数图像的共同特征,帮助学生用简单通俗的语言来翻译微课视频中的要点和难点,尽可能让学生理解视频中函数图像和符号的意义,用自己的语言抽象概括、归纳总结,为随后的学习做好充分的准备。而学生则根据自己的实际情况,选取最适宜学习的时间段进行学习。这时,善于思考并且接受能力较强的学生,可以用很少的时间获取重点知识;而基础相对薄弱的学生,可以按照自己的节奏调整进度或者反复观看视频资料直至理解,实在不行也可以寻求教师和同学的帮助。这种模式正是《新课标》所倡导的,教师要加强这一过程高中生数学核心素养的落实。

2. 课中知识内化环节设计

课中知识内化环节主要基于翻转课堂与微视频来督促学生自主学习,将课前内容结合课上内容来实现重点突出、难点突破,进一步催化学生的各项学习能力,形成有效学习反馈。教师要引领学生完成数学知识的重点掌握和难点突破,教师此时可利用课前自主学习环节所收集到的学生学习的反馈信息,同时结合本节内容学习目标来为学生剖析学习重点、挖掘学习难点。例如，在函数奇偶性的学习过程中，教师会通过微视频给出实物中对称美的几组图片，生动形象地激发学生的学习兴趣，做到"形"中有"数"，"数"中有"形"，帮助学生深层次地理解奇偶函数的概念，最后利用"数"与"形"的有机结合，总结出判断函数奇偶性的方法和步骤。将难点问题放在微课视频中，学生则可以结合教材与教师引导来突破学习难点，帮助学生更好地掌握内容。在翻转学习过程中，教师就可以融入微课视频、导学案、测试题等方式来提高学生的数学建模能力、交流合作能力、发现问题与解决问题能力，最后培养学生发散的、创造性的创新能力。

3. 课后评价与反馈环节设计

在课后评价与反馈环节，教师还要基于微课视频中知识点的呈现与布局来评价学生的学习成果，实现学生对于知识的有效内化过程。微课堂学习的优势也体现于此，那就是可以通过多次反复的学习呈现来让学生形成好的学习思维和习惯，并积累学习经验。而通过翻转课堂学习理念，教师也实现了针对不同学生个体的差异性教学，学生可以在观看视频过程中提出问题，教师通过反复播放和其他微课视频辅助来帮助学生解决难点问题，并评价学生的具体学习成果，为后续学习进程的顺利推进提供参考。在翻转课堂的整个学习过程中，教师根据学生的学习水平的高低不等，可以多层次设置思考问题，及时了解学生的学习动态，有针对性地调整学习进度，尽最大限度满足各类学生的学习需求，这也反映出学习需要因材施教。除此之外，数学教研组教师在实施同课异构的教学模式时，可以依据不同教师上课的方式方法，总结提炼出适合本班学生学习的方式，之后根据学生在课堂上的具体学习情况，教师客观地写出本节课的学习评价，并认真总结学生的优势和不足，思考学生出错的主要原因。在这种形势下，尽可能地让学生花费很少的时间掌握重点知识，拓展各项能力，实现教学相长。

三、核心素养与概念教学

数学核心概念的教学作为培养学生数学核心素养的重要途径，应当也必然受到教育者的广泛关注与应用。如何在核心概念教学中培养学生的核心素养，划分的水平如何，应该运用怎样的策略进行教学，都是我们应该思考的问题。概念的教学一般处于新授课的位置，教师在讲授某一概念之前应该对这一概念整体的知识网络有一个基本的掌握，抓住概念的核心点，形成知识主线。在概念生成过程中要体现与概念相联系的思想方法，教学过程中要有前后贯穿一致的思想主线。高中生的思维水平与初中时期相比，逻辑推理能力、抽象思维已经有了更大的提升，这就要求教师在精准地把握一节课主线的前提下，从学生的认知水平出发进行教学，所设计的教学内容要符合学生的最近发展区。这就要求教师自身要有过硬的专业素养，同时精心设计教学环节，针对教师如何在核心概念教学中培养学生的数学核心素养，提出以下的建议及策略。

（一）加强教师自身专业建设，整体把握核心概念结构

《义务教育课程方案和课程标准（2022年版）》中将高中数学课程划分为必修课程、选择性必修课程和选修课程，以必修课程为例，分为五个主题，分别是预备知识、函数、几何与代数、概率与统计、数学建模活动与数学探究活动。由于以《义务教育课程方案和课程标准（2022年版）》为指导的教材尚未完全编写完成，教师在授课中所采用的教材大多依据旧版教材。而现有教材知识点的编排与《义务教育课程方案和课程标准（2022年版）》的知识顺序有着一定的不同，所以这就更要求我们高中教师自身专业水平要过硬，应对高中数学知识有着整体的把控，对于核心概念的把握要更加精准、精确。要主动提升高中数学教师的专业技能，增强自身对于"什么是核心概念？""怎么提炼出核心概念？""怎样构架出核心概念与非核心概念之间存在的逻辑关系"等问题的思考与把控。提升其对于核心概念教学的重视程度。在《义务教育课程方案和课程标准（2022年版）》倡导的"学生主体、教师主导"教学模式的背景下，充分发挥学生的主观能动性去思考、去学习。但由于学生处于知识积累阶段，对于高中数学知识体系认识程度较低，因此更要发挥高中数学教师在课堂中的主导作用。这样的教育要求的大背景之下，对于高中教师素质提升提出了更高的要求。所谓"育人者，先育己。"增强自身对于核心概念的掌握与思考。借助核心概念来构建整个数学体系的认知结构。教师在引导学生学习数学核心概念时，不仅要表达简练，教会核心概念本身，更要从培养学生核心素养的角度出发来引导学生，发散思维；不仅仅拘泥于概念本身，更要深入生活。《义务教育课程方案和课程标准（2022年版）》对核心素养的要求已经很明确，对于核心概念明确认识，有利于更好地培养学生核心素养，帮助学生构建自己的数学知识体系，更明确、更发散地利用数学的逻辑去解决生活中所遇到的问题。

（二）学习《义务教育课程方案和课程标准（2022年版）》，体悟数学核心素养

数学教学是培养学生数学核心素养最重要的途径，在落实素养的过程中究竟应该怎么做？教育家们的观点各有不同，但是在一点上是达成共识的，那就是：提倡"为培养学生核心素养而进行教授"。例如，有人说"学科教学的目的是培养核心素养，而不是单纯的传授知识"；又如"我们不应该把某学科的教学局限在这个学科内部，教学中只是考虑所

教授学科的知识技能并不利于学生的视野的开阔，也不利于我们对具有敏捷的思维、丰富的文化气质以及哲学素养的人才的培养。"还有人以爱因斯坦说的"教育就是一个人把在学校所学全部忘记后剩下的东西"为依据，提出"把知识忘记了，剩下来的就是素养"。在这些观点下，难免有一些教师会对课程究竟应该怎么教，素养到底怎么落实产生疑惑。一些教师也并不清楚培养数学核心素养和培养学生"四基"、"四能"以及数学思维有着怎样的联系。《义务教育课程方案和课程标准（2022年版）》是我们进行教学的指导性纲领，依据学科的逻辑体系、内容主线、知识之间的关联进行设计，提出了明确的教学目标。

（三）在丰富的情境中教学，激发学生的学习热情

数学与我们的现实生活是密不可分的，我们培养学生的数学核心素养，根本上，也是要让学生会用数学眼光观察世界，用数学语言来描述现实世界，数学从现实生活的需要中诞生，也应该回归于现实。因此，在情境中教学，是培养和发展学生数学核心素养的重要方式。同时，我们会发现，数学中的许多概念也确实与生活密切联系着的，数学概念尤其是我们所研究的数学核心概念本身是非常抽象的，传统教学里的概念讲授过于陈旧，在揭示概念本质的问题上难度很高，学生对核心概念本质的掌握也片面，理解得不深刻。因此，教师在教学中应该设计合适的教学情境，结合核心概念与生活现实中的模型联系起来，选择的素材丰富、全面、感悟，能够帮助学生将头脑中原有的经验与所学的知识建立联系，对冰冷美丽的数学知识进行火热的思考，更有利于学生对概念的抽象，对数学思想的感悟，以及对概念的形成也符合学习发现说。同时，采取多元的情境教学也有利于教学中激发起学生的兴趣与学习的欲望，达到事半功倍的效果。

（四）揭示概念本质，数学文化融入教学

在数学核心概念的教学中，应注意到，作为核心概念，既属于数学概念，同时又具备了比一般数学概念更丰富的内涵及数学思想。因此，在教学中要尤其注意揭示概念的本质。核心概念所特有的根基性、可生长性、广泛联系性这些特点，使得数学核心概念在教学中具有可持续性以及长期性，所包含的数学思想会贯穿模块知识的始末。而其中具有根基性的概念在高中数学课程中一般会作为课程模块初始章节，引领后续的知识学习，为其后面的知识做铺垫。而数学的发展史往往也体现了数学概念的发展，众多数学家为了一个理念的进步共同努力着，对一个对象下定义、建立概念这一过程本身就具有极强的逻辑性。在教学中重视数学史的引入也有助于教学对核心概念本质的揭示。《新课标》教学建

议里提出，数学应该被融入数学教学活动中。通过教师有意识地将之与相应的教学内容相联系，引导学生们认识了解数学的发展历史，有助于学生在数学学习中认识数学在科学技术、现实生活、社会进步等中的作用。同时有助于学生感悟数学所存在的价值，激发学生学习数学的兴趣，开拓学生的视野，并且在提升学生的科学精神及人文素养上有很大帮助，同时有利于学生进一步理解数学的本质，提升学生数学学科核心素养。因此，教师在数学核心概念的教学中也应该尤为重视对数学文化、数学史的融入。

四、充分运用现代教育技术

现代教育技术，让高中课堂变得更加灵活和充满魅力。运用现代教育技术，能够有效辅助核心素养的培养。现代教育技术不仅能够改善高中数学课堂教学，提高课堂效率，而且学生也能够独立应用现代教育技术。数学课堂参与性学习强调学生是作为主体参与课堂的学习活动，具有一些与学生参与紧密相关的显著特征，如主体性、民主性、情境性和互动性等。只有充分把握这些特征，教师在实施教学活动的过程中，才能充分发挥现代教育技术的优势。

（一）运用现代教育技术促进课堂参与性学习的应用原则

在参与性学习中，如何看待现代教育技术这一角色呢？在具体的教学中是否用和如何用呢？这是我们主要探讨和解决的问题。

1. 现代教育技术在数学参与性学习中的角色定位原则

在参与性学习中，如何定位现代教育技术这一角色呢？建构主义理论认为，在教学活动中，教师是学生学习的引导者和促进者，而学生自己则是学习的意义建构者。那么，教师如何才能做好这一角色呢？许多学者普遍认为教师在教学活动中要注意以下几个方面：第一，创设相对更真实和复杂的问题情境；第二，营造良好和谐的学习氛围，以便学生可以提出自己的不同见解，平等地与教师、同学沟通和交流；第三，提供必要学习工具；第四，还要给予情感上的支持，鼓励学生发现、探索问题，从而使学生主动进入建构新知识的角色，充分发挥学习主体的能动性。也就是说，参与性学习的主角是教师和学生，而教育技术只是"跑龙套的"，是为了促进教师的教和学生的学而生。以建构主义理论为依据，在参与性学习中坚持教师是主导，学生是主体，现代教育技术是辅助这一角色定位。因此，要特别注意把握师、生和多媒体三者的关系。

以教师为主导。在教学过程中，教师是整个教学活动的组织者和管理者。教师的主导作用主要表现在三个阶段：准备阶段——钻研教学目标，了解学生的实际，选择合适的多媒体，精心地设计教学活动；实施阶段——利用现代教育技术，有针对性地讲解或练习，进而灵活地、创造地组织学生参与教学活动；反馈与评价阶段——对学生的提问做出智慧的解答，评价学生以及指导学生进行自我评价。

以学生为主体。数学参与性学习中，学生是认知活动的主体，是知识意义的主动建构者。因此，要让学生参与到教学过程中，使多媒体技术成为激发学生学习兴趣的手段、参与数学活动的工具和环境。学生的主体性体现在学生具有自主性、能动性和创造性。具体可表现为有明确的学习目标、自觉积极的学习态度、迫切的学习愿望、强烈的学习动机；学习上能举一反三，善于利用已有的知识来解决新问题；能利用多媒体资源和网络平台进行选择学习内容和进一步有效的自学活动。

现代教育技术是辅助。多媒体只是教师教学的助手，是学生参与学习的抓手，不能代替教师进行教学，更不能替代学生动手动脑。多媒体作为教学手段，只能辅助知识的传递，而知识的传承只能由人来完成，也就是学生必须参与到学习中来。多媒体教学的优势在于能使教师的表达更丰富和形象，能把学生推到踮起脚看得见却够不到的地方。也就是说，配合教师充分发挥在教学中的主导作用，调动学生课堂的主体参与积极性，才是多媒体生命的意义和发展方向。同时，通过现代教育技术可以创设逼真的数学学习情境，用图像和动态的形式呈现数学问题，使得数学的学习材料更具有活动性和可视性，进而使学生切身参与到学习中来，深刻感受到数学的魅力与价值，激发学习数学的兴趣，增强学好数学的信心。

2. 现代教育技术在数学参与性学习中的使用原则

人本主义心理学是针对之前的心理学总是把人的行为、认知与情感分裂开来研究的这种现象而提出的。它认为一个学习者首先是一个完整的人，即"躯体、心智、情感、精神、心力融会于一体"，所以任何人在学习时都既有理性的思考，也有情感的投入。人本主义把学生的学习分为两类：一类是无情感因素参与的学习，这种学习效果当然不好，所学知识易忘；另一类是有情感因素参与的学习，效果当然比前一种好。而后一种学习要具备以下四个方面因素：学习是由学习者自己发动的；学习全过程中有学习者认知和情感的同时参与；学习者能参与到对学习过程和效果的评价中；学习活动能够诱发学习者情感的共鸣。秉承着以人为本的教学理念，教师在进行教学设计的过程中，关于现代教育技术在参与性学习中是否用和如何用，应遵循以下几个基本原则。

（1）多媒体与教学内容的选择组合最佳化原则

依据优先选择原理制定选择组合最佳化原则。教学设计是以分析教学需求为基础，以确立解决教学问题的步骤为目的。解决教学问题的步骤中包括媒体、信息资源与教学内容相互选择的设计。我们知道，数学的最大特点是抽象性、逻辑性，这也是在教学中要突破的难点。而这些难点的突破，必须要依靠传统教学中严谨地分析、概括、归纳和论证来完成。因此，学生参与教学活动的重要前提是有一个高素养的教师，能用渊博的知识和灵活的头脑通过分析学情后设计出符合学生身心发展和需求、尊重学生个体差异的教学活动，合理智慧地去整合、配置和有效利用各种教学资源。现代教育技术在数学教学中所扮演的角色无论是工具还是平台，都是用以促进学生对抽象的概念和严谨的证明的有效认知，实现学生的认知参与，提高学生参与兴趣，激起学生参与热情。当然，无论是参与性学习还是接受性学习，使用多媒体技术应该关注的是数学课的最佳效果，如对学生的启发性，学生的思考积极性、主动性等，不能为用而用。根据教学目标和教学内容的实际需要，恰当地选择是否使用多媒体、选择哪一多媒体来达到设定的教学目标是在教学设计中首先要思考的问题。

（2）形式多样化原则

形式多样化原则的制定是源于多元智能理论和信息加工理论。加德纳提出，一个人至少包括语言、逻辑、视觉、音乐、运动、交际、内省、观察和存在九个方面的智能。每个人各有所长，且每一种智能都不是单独存在的，它们之间相互促进。它的理论被教育学家运用于学习领域，就产生了"在学习过程中，强调让学生多方面智能参与，多感官并用，可以增强学习效果"的理论。教师要根据学习内容的特点，合理地选择多媒体技术，一方面丰富多样的学习形式可以激发学生积极主动地探究，情感参与自然会引发行为参与，进而达到事半功倍的效果；另一方面，多媒体不同渠道信息的传递，可以让位于学生的主体性和差异性。要想使学生的参与性学习从感性上升到理性，多媒体辅助教学中要注意问题情境与真实情况的统一，多媒体演播和教师的讲解密切配合学生的看、听和思考。学生带着问题去参与，更能有效地获得数学学习的知识。

（3）及时、准确的反馈原则

依据反馈评价原理制定及时、准确的反馈原则。反馈控制是系统科学的重要方法，就是利用反馈信息，使系统的反应输出状态与预期目标相比较，然后根据比较的结果，对输入值进行修正，以达到系统输出状态与目标要求相一致的目的。参与性学习必须有反馈，不仅包括学生对教学做出的回应反馈，还包括学生在自己动手动脑的学习中真实的情感体验，以及教师对学生的表现做出的点评。这些反馈都要及时、准确，进而通过反馈来实现对教学的调整和把控。在多媒体教学中，学习者接收信息的渠道更多，知识的容量也会更大，那就更应关注学生的反馈信息，才能准确把握学生的最近发展区，进而调控教学过程，保证教学质量。

（二）现代教育技术在数学参与性学习中的应用策略

1. 收集信息

将教育技术作为收集信息的工具，制定参与的目标，培养学生主动参与学习的意识。有目标，才会有接下来的行为，而行为参与恰恰是课堂参与性学习的一个重要维度体现。目标是行动的指南，只有让学生参与目标的制定，学生才能对学习目标有较为深刻的认识和体验，才不会在学习中迷失或是迫于升学压力等机械地学习。根据课程的内容和学习目标，一方面教师可以利用教育信息技术的强大搜索功能，从庞大的数据库资源中选取符合课程目标的内容为己所用；另一方面教师也可以组织学生利用互联网检索进行社会调查，了解可供自己学习的主题，并利用信息技术来选择和确定预习任务，同时制订主题学习计划，包括确定目标、小组分工、计划进度等。学生参与了学习目标的制定，进而才可能主动地为达成该目标付出努力，甚至还能为自己设计出不同的到达该目标的路径。

2. 提供材料

将现代教育技术作为提供材料的工具，创设问题情境，激发学生求知的热情。事实上，学生情感参与比行动参与更为重要。在参与中情感逐渐地投入，才能取得良好效果。情感的参与拉近了知识和学习者之间的距离，让知识不再高冷，让学习者相信每一个人都能够学会旧知识，也能够创造新知识。可见，有了兴趣，才会更好地指导行动。问题是思维的起点，一切发现、创新都是以问题为中心，在探究的过程中来完成。如果说问题是种子，那么数学情境就是数学问题发芽的土壤，也就是说只有精心创设的数学情境，才会引导学生发现问题和提出问题。在参与性学习活动中，只有让学生意识到问题的存在，才能激发学生参与和探究的兴趣。合理地选择多媒体，创设情境，为学生提供丰富生动的学习背景。教师要根据学习内容，从社会生活实际出发，将学生熟悉和求知欲的同时，也要在学生的最近发展区内，让学生能够解决问题。因为问题是在情境的作用下才产生的，生动直观的形象有利于学生有意义联想的发生，进而使学生利用已有的知识、经验，完成当前新知识的同化或顺应。对比之下，在传统的课堂讲授中，所提供的情境不足够生动、丰富或形象，不能有效地激发联想，难以提取长时记忆中的有关内容，因而知识的建构发生困难也在所难免。也就是说，传统的教学手段由于缺乏情境性，以致学生难以将所学新知识纳入原有图式。恰恰多媒体作为提供丰富形象的学习材料的得力工具，可以为创设教学情境提供极大的便利。它通过提供图片、视频、声音等多种媒体，构建情景交融的问题情境，吸引学生的兴趣和求知欲，把需要强制学生有意注意才可能接受的新数学知识，通过兴趣使然，水到渠成的无意注意就可以轻松获得，为课堂教学的顺利进行和良好的课堂教学效果提供了前提。

3. 探索和认知

将教育技术作为认知的工具，设计探究活动，给予学生主动参与的机会。认知参与是学生在学习活动中采取的学习策略，主要划分为高级学习策略和低级学习策略，培养学生的学习能力，从学会到会学。活动是知识的载体。关于知识，建构主义认为知识并不是对现实的准确表征，只是一种可能的解释或假设，并非问题的最终答案。因此，教学不能把知识作为预先确定好的东西强塞给学生，学生学习知识的过程是以他们原有的知识经验通过参与活动，依靠自己的意义建构来完成的。在数学参与性教学中，探究活动必不可少，无论是以主题探究为中心，还是以问题解决为中心，或是以任务驱动为中心的探究活动，教师都可以引导学生去积极参与、主动探索发现知识，不仅能使学生充分地参与到学习中来，更可观的是培养学生的思维能力。在各种各样的课堂探究活动中，多媒体并不只是把教学信息简单地丢到学生面前，让其自己接收，而是与其他教学方法融合，最大限度地激活学生的经验与思维，促进学生在活动过程中完成对新知识的同化，构建新的图式。作为促进主动学习、协作探索的认知工具的多媒体有多种多样的形式和形态，如投影仪、电子白板、数学实验室、"Z+Z"智能教育平台、几何画板和mathematiea（一款知名数学计算软件）等，可以建立数学模型、图形和轨迹，开展数学实验，化静为动，画抽象为具体，为学习者的认知参与提供帮助。可见，利用现代教育技术，可以从多角度为学生的数学参与性学习创设一种几近真实情境的外部条件和学习环境。

4. 交流和互动

将教育技术作为交互的工具，营造和谐的师生关系，充分发挥学生的主观能动性。交流互动是情感生长的土壤，良好的交互工具，会使情感参与的种子长成森林。参与性教学中，师生关系是核心。俄罗斯教学论专家斯卡金说："我们建立了很合理的、很有逻辑的教学过程，但它给积极情感的食粮很少，因而引起了许多学生的苦恼、恐惧和别的消极感受，阻止他们全力以赴地去学习。"教师应与学生建立起民主平等的和谐师生关系，严肃却又不失幽默，张弛有度，让学生在自由民主的氛围中无拘无束地交流，进而唤醒学生的主体情感参与，充分发挥学生的主观能动性。多媒体的交互性是其最大魅力的体现之处，为师生、生生的沟通交流打开了一扇窗。在具体的实施过程中，可以将多媒体与信息资源库技术相结合，可以使学生与学生之间、学生和教师之间的交流沟通跨越时间和空间的限制；可以无限扩充每一个学生的信息来源，从而拓宽知识面，提高眼界，养成从不同角度发现问题和解决问题的能力。最重要的是，输入输出手段的多样化、个性化使学生的主观能动性得到了极大的发挥。

(三) 现代教育技术在数学参与性学习中的具体应用措施

现代教育技术贯穿于整个教育过程，因而恰当地运用现代教育技术可以优化课堂教学，提高学生的课堂参与。根据教学内容和教学对象的特点，一方面发扬传统教学媒体的优良作用；另一方面合理地引进现代教学媒体，使两者各发挥其优势，相互补充，形成合理的教学过程体系，达到最优化的教学效果，以下即为下一章教学实验活动中所实施的一部分相关具体举措，期望为一线高中数学教学提供一点参考。

1. 指导课前行为

参与这一活动的指导策略主要是利用现代教育技术收集信息的作用，同时也最能体现形式多样化的原则。活动中虽然容易实现学生为主体参与教学目标、任务、内容的制定，但一定要对学生收集什么样的学习材料做出指导和要求。包括参与备课，让学生课前收集有关课程内容的数据和资料；自主课前预习，选择适合自己的方式完成预习任务。通过微视频，学生在课前对集合的概念有所了解，并能简单地举例，进而在课堂中就可以有针对性地学习，提高课堂行为参与的积极性，增强学好数学的信心。同时，又可以培养学生独立学习、选择学习，最终会学习，培养了认知参与能力。

2. 创设情境

情感参与的基础这一活动的指导策略主要是现代教育技术提供材料的作用，但同时要坚持多媒体与教学内容的选择组合最佳化原则。

吸引学生注意力，激发学生兴趣，营造主动探索的课堂气氛，为学生的情感参与做准备。由于现代教育技术突破了传统教学手段音效、视频的限制，恰好可以在新课伊始，利用视、听的强烈冲击，引入和学习主题相关的教学背景。首先，在尚未开始学习新知识之前，就引起了学生强烈的注意，将课堂导向了学生积极参与的氛围。其次，利用生活中学生熟悉的实际问题所包含的数学原理，激发了学生的好奇心，进而驱动学生积极思考，带着求知的欲望，学生很快就会进入主动学习的状态。

温故知新，展现新旧知识的联系，让学生的思维得到训练。由于多媒体可以扩大课堂的容量，加快节奏，更能清晰地呈现知识的生成生长过程。

3. 设计探究活动

行为参与的载体这一活动的指导策略主要是现代教育技术认知探究的作用，多灵活地运用及时、准确的反馈这一原则。化抽象为直观，提供丰富生动的直观材料，攻克抽象的数学概念。例如，在讲锥体的体积公式时，可以运用多媒体进行演示，将三棱柱分割成三个体积相等的三棱锥的过程。一方面照顾了部分空间想象能力较弱的学生，另一方面也锻炼了动手能力比较强的学生；同时运用分割法这一知识的迁移，使学生的思维得到了训练。化静为动，展示动态的变化过程，完成知识的意义建构。

第五章
高中数学核心素养的培养

第一节　数学抽象能力素养的培养

一、数学抽象素养的内涵

（一）数学抽象素养的含义

"数学抽象"居于六大核心素养的第一位，对于学生的数学学习和思维发展影响较大。数学在本质上研究的是抽象的东西，数学的发展所依赖的最重要的基本思想也是抽象。

数学抽象是指舍去事物的一切物理属性，得到数学研究对象的思维过程，主要分为两个方面：第一是能从数量和图形的关系中抽象出数学概念及其概念间所具有的关系；第二是能从事物的具体背景中抽象出规律和结构，并且能够用数学语言和数学符号进行表征。

数学抽象反映了数学的本质特征，是形成学生理性思维的基础。数学抽象作为数学最基本思想的过程之一，不仅仅在数学的产生过程中起到了重大作用，而且对于数学的发展和应用也有不可替代的价值，这使得数学成为高度概括，表达准确、结论一般、有序多级的系统。

数学核心素养是在新的历史时期发展素质教育的体现，为了适应时代的要求和学生的发展，教育部和有关研究人员正在抓紧研究不同学段数学核心素养的具体内容，制定核心素养的学科结构体系，促进课程改革和建设。在修订稿的课程标准中，从课程宗旨、课程内容、教学活动和学习评价四个方面对核心素养的培养提出了具体要求。具体落实到"数学抽象"素养，课程标准指出："在数学抽象核心素养的形成过程中，积累从具体到抽象的活动经验。学生能更好地理解数学概念、数学命题、数学方法及其体系，能通过抽象、概括去认识、理解、把握事物的数学本质。能逐渐养成一般性思考问题的习惯，能在其他学科的学习中主动运用数学抽象的思维方式解决问题。"

数学抽象思维过程作为众多数学思维中最基本、最重要的思维过程，无论是对于学生的日常生活还是学习发展，都有不可替代的作用和意义。在日常生活中，数学抽象能使学生从具体事物中抽象出本质特征，排除无关特征，得到所需要的信息。而在数学学习中，形成数学概念、证明数学命题和运用数学规律都不可缺少数学抽象的思维过程。因为数学核心素养彼此间既相互独立，又相互交融，是一个有机的整体，如"数学建模"素养是在对现实问题进行数学抽象的基础上，建构模型解决问题的过程。所以要在教学过程中培养学生的数学素养，作为六大核心素养第一位的数学抽象素养，我们要重视对学生的培养，使学生掌握抽象的规律和方法，这对于学生将来的实际生活和数学学科的学习有着十分重要的作用和价值。

课程标准中将数学抽象进行了定义，认为数学抽象是指事物的一切物理属性，得到数学研究对象的素养。主要包括从数量与数量关系、图形与图形关系中抽象出数学概念及概念之间的关系，从事物的具体背景中抽象出一般规律和结构，用数学语言予以表征。

数学抽象是数学的基本思想，是形成理性思维的重要基础，反映了数学的本质特征，贯穿在数学产生、发展、应用的过程中。数学抽象使得数学成为高度概括、表达准确、结论一般、有序多级的系统。

数学抽象素养是指，通过高中数学课程的学习，学生能在情境中抽象出数学概念、命题、方法和体系，积累从具体到抽象的活动经验；养成在日常生活和实践中一般性思考问题的习惯，把握事物的本质，以简驭繁；运用数学抽象的思维方式思考并解决问题。数学抽象素养主要表现在获得数学概念和规则；提出数学命题和模型；形成数学方法与思想；认识数学结构与体系。

（二）数学抽象素养水平的划分

课程标准中对数学抽象素养水平进行了划分，主要包括以下三个方面。

水平一，即能够在熟悉的情境中直接抽象出数学概念和规则，能够在特例的基础上归纳并形成简单的数学命题，能够模仿学过的数学方法解决简单问题；能够解释数学概念和规则的含义，了解数学命题的条件与结论，能够在熟悉的情境中抽象出数学问题；能够了解用数学语言表达的推理和论证；能够在解决相似的问题中感悟数学的通性通法，体会其中的数学思想；在交流的过程中，结合实际情境解释相关的抽象概念。

水平二，即能够在关联的情境中抽象出一般的数学概念和规则，能够将已知数学命题推广到更一般的情形，能够在新的情境中选择和运用数学方法解决问题。能够用恰当的例子解释抽象的数学概念和规则；理解数学命题的条件与结论；能够理解和构建相关数学知识之间的联系。能够理解用数学语言表达的概念、规则、推理和论证；能够提炼出解决一类问题的数学方法，理解其中的数学思想。在交流的过程中，能够用一般的概念解释具体现象。

水平三，即能够在综合的情境中抽象出数学问题，并用恰当的数学语言予以表达；能够在得到的数学结论基础上形成新命题；能够针对具体问题运用或创造数学方法解决问题。能够通过数学对象，运算或关系理解数学的抽象结构，能够理解数学结论的一般性，能够感悟高度概括、有序多级的数学知识体系。在现实问题中，能够把握研究对象的数学特征，并用准确的数学语言予以表达；能够感悟通性通法的数学原理和其中蕴含的数学思想。在交流的过程中，能够用数学原理解释自然现象和社会现象。

二、培养学生数学抽象素养与能力的建议

（一）制定有利于学生数学抽象素养发展的教学目标

教师制定教学目标，要树立发展学生数学抽象素养的意识。学生的数学抽象素养是在日常的数学学习过程中逐渐形成的，其发展具有连续性和阶段性，所以教学目标的设计要有阶段性目标和每堂课的教学目标，将阶段总目标分解细化成具体、可操作的每节课的教学目标，注重教学过程性目标的达成，促进学生学习的稳步进阶，最终实现阶段教学的总目标。同时，我们也要认识到，数学学科的每一个核心素养并不是孤立存在的，而是一个相互联系的整体。在培养数学抽象素养的过程中，同时也会涉及其他的核心素养。

教学目标设置可以从关注学生从情境中抽象得到数学问题的能力培养；学习过程中，感悟数学知识之间的相互联系，将所学的知识形成知识体系；设置课堂的学生活动，以促进学生基本活动经验的积累；设置交流与反思的环节，给学生留有感悟数学基本思想的空间这四个方面入手，促进学生数学核心素养的提升。以函数性质教学为例，设置目标要考虑函数性质与函数概念相结合，注重知识的系统性和完整性，培养学生在各种情境中发现，提出函数性质的问题的能力，在课堂活动的过程中去发现函数性质，交流反思感悟函数思想。教师设置教学目标要从传统的注重数学知识的理解和运用转换成重视学生个体能力和习惯的培养。

在制定教学目标时，教师要结合教学内容，思考如何将数学抽象素养的培养融入教学内容、教学过程中，通过教学内容和教学过程来承载数学抽象素养的培养。

（二）创设有利于学生数学抽象素养发展的教学情境

创设问题情境不仅是为了学生顺利接受新的知识，更重要的是通过创设有效的问题情境能够将课堂所学数学知识与现实生活建立联系，拓展学生的认知领域，将学生带入具有真情实感的生活化、社会化、科学化的氛围。创设与学生的智力和知识水平相适应的、与社会文化背景相联系的情境，有利于调动学生的学习兴趣，培养学生的数学抽象素养。在情境作用下，生动直观的形象能有效地激发学生的联想，唤起学生在原有认知结构中的相关知识和经验，从而使学生利用有关知识与经验去同化或顺应当前的新知识，达到对新知识的构建。因此，教师可以设置恰当的情境引发学生探究结论的兴趣，发展学生的数学抽象素养。

数学情境和问题要结合具体的教学任务设计。数学情境和问题是多样化的，可以从学生熟悉的生活情境出发设计数学问题，不仅可以把抽象的知识具体化，激发学生的求知欲望，有利于学生对知识点的理解和掌握，同时还可以打破学生固有的思维定式，让学生真正体验数学与生活的关系，树立学以致用的意识，提高解决实际问题的能力。教师还可以考虑学生已经知道了什么，掌握到何种程度，然后再根据数学教学内容的难易程度来提出问题，使学生原有认知结构与新的数学知识同化或顺应。教师还可以设计情境，让学生了解数学知识的实际发现过程，体验数学家探索和发现数学知识的过程与方法，实现对数学知识的再发现。教师还可以从其他学科中挖掘资源来创设问题情境，不仅让学生切实体会到数学思想无处不在，提高学生学习的兴趣和分析、解决问题的能力，培养学生的科学素养和人文素养，还能有效地加强学科间的联系与综合，体现数学的应用价值及其工具性。通过恰当的情境与问题的设置，使学生理解数学的本质，促进学生数学抽象素养的发展。

（三）注重数学知识系统性以促进数学抽象素养持续发展

数学知识与技能在数学抽象素养培养中有着重要的地位和作用。数学知识是数学素养的载体，很多数量的计算与表达，包括一些图表、语言和图形描述的信息的抽象过程都需要相应的数学知识。分析这些数量和图形所表达的含义以及数学抽象的能力要比单纯教给学生怎么解题更加重要。根据学生的认知水平和数学知识的抽象度，每个数学知识与其他数学知识之间都有着递进的抽象关系，数学知识都不是独立的，而是相互之间有着逻辑关系。教师在实际教学中，要充分认识到数学知识的联系性和系统性，加强数学知识间联系的教学。新知识的传授要在原有认知结构的基础上，通过同化或顺应来获得，对学生学习新知的过程进行密切关注和适当调节。

在巩固新知识的习题类型选择上力求多样化，通过各种不同的呈现形式，让学生体会到看待问题要从多角度出发，要看到问题的本质。只有这样学生在面临复杂的实际问题时，才能做到从整体上考虑，对抽象所得数学问题进行合理推断，真正做到学以致用。整体把握数学课程内容，有利于数学抽象素养水平的发展。

（四）感悟数学基本思想方法以促进数学抽象素养养成

数学思想方法是在认识数学知识的过程中提炼上升的数学观点，它具有更一般的指导意义，是数学的灵魂。数学抽象是数学的基本思想之一，因此引导学生领悟和掌握以数学知识为载体的数学思想方法，从而在生活和科学情境中拥有选择与运用数学方法解决问题的数学素养，真正懂得数学的价值，建立科学的数学观念，促进数学抽象素养的养成。

在教学中，教师要挖掘数学知识中体现的数学思想方法，有计划、有步骤地选择恰当的方法使学生体会和掌握数学思想方法。例如，数学概念的教学过程可分为知识发生和应用两个阶段。对于新知识的学习过程也就是其思想方法发生的过程，教师不应直接给出定义，而应该通过现实生活中简单而直观的实例或使学生通过亲身操作体验得到定义。在获得定义的体验过程后，从具体问题及其解决过程得出具有一般性的解决方法，这一过程也是数学抽象素养培养的过程。解决数学问题的过程就是命题不断变化和数学思想方法反复运用的过程，教师应充分利用学生解决数学问题的过程深化数学思想方法，这样学生才能在其他情境中创造性地运用数学方法解决问题，这也是数学抽象素养水平提升的表现。总结与复习是揭示知识之间的内在联系以及归纳、提炼知识中蕴含的数学思想方法的过程，是数学思想方法系统化的形成过程，使学生感悟数学学科是高度概括有序多级的知识体系。

（五）经历数学抽象活动过程以培养数学抽象素养

数学抽象过程就是经历一次完整的发现问题过程，数学抽象活动可以发展和培养学生的抽象素养。在课堂学习的过程中让学生经历一个完整的数学问题发现过程是十分有必要的，学生通过发现问题的活动，就能逐渐理解怎样用数学的眼光看到事物，学会舍弃表面，看到问题的本质，从而培养对待新生事物能够透过表面现象研究本质的素养。另外，学生进行一次抽象的过程，能对所学的数学知识和技能有更加深入的认识。正是在解决实际问题的过程中，才能逐渐把知识转化为能力，而拥有扎实牢靠的知识基础是学生能解决情境中的抽象数学问题的保证。

在现实数学课堂教学中，教师对学生经历抽象活动过程并没有加以重视，甚至忽略。

学生没有机会去感受知识的发生发展过程，他们的思维也就没有机会经历数学问题得出的抽象过程，基本概念、基本原理甚至由教师直接给出，在学生还没有对基本概念有清晰的理解时，就要求他们应用概念去解决问题。显然，这与数学知识的抽象过程背道而驰，对培养学生的抽象素养是很不利的。

针对这样的教学现状，课堂教学要从关注课堂教学任务是否完成转向关注学生学习的效果，关注学生知识、技能和品格的实际变化。现在的课堂教学往往将焦点放在教师教学计划的完成情况上，而不重视评价学生通过学习后是否获得了切实的发展。

（六）探索多样化课堂教学方式培养学生数学抽象素养

教师课堂教学的最终目的就是使学生学会学习，发展数学素养。因此，数学课堂教学的方式不仅仅局限于讲授与练习，教师应该探索多样化的课堂教学方式。

数学抽象素养的培养是使每个学生都能得到发展，阅读自学的教学方式恰恰可以为学生提供个性化的学习空间，并且阅读是提高学生数学语言水平的有效方法，阅读自学有利于培养学生的数学抽象素养。首先，在教学中要重视学生独立思考的过程。在传统教学中，教师往往会通过讲授的方式将知识传授给学生，这种教学方式会增加学生对教师的依赖程度，不利于学生形成数学素养。在学生独立思考的过程中，教师应加以引导，让学生通过独立思考来解决所遇到的问题。其次，要使学生积累独立思考的经验，培养数学抽象素养。动手实践的教学方式能使学生的主动性和主体性得到发挥，学生自己经历知识的发生过程，有利于增强学习兴趣。在动手实践的过程中，学生将活动经验抽象成数学问题，使学生的数学抽象素养得以发展。自主探索的学习方式是数学课堂充分体现以人为本的教学理念的体现，把学习的主动权交给学生，使学生能够积极有效地参与课堂活动，主动地获取知识，最终得到数学素养水平的提升。最后，在数学课堂教学时要给予学生充分合作交流的机会。学生通过交流讨论不但可以起到相互促进的作用，而且有利于培养学生的数学语言表达能力。课堂上要给学生展示自己、表现自我的机会，使学生在收获知识的同时，数学素养也得以提升；要充分利用计算器和相关软件，促使学生进行数学抽象。对于特别抽象的数学问题，应利用相应的教学软件处理，关键是掌握数学知识与技能背后的数学原理和思想。

总之，数学抽象素养的培养是多种因素交互作用的过程。在实际教学中，教师在讲授数学知识和技能的同时，也应把多种有效的方式和途径应用于数学课堂教学中，促使学生把学到的数学知识内化为自身的思考和看待问题的习惯，形成适应今后社会生活需要的数学素养。

第二节　数学逻辑推理素养的培养

一、逻辑推理素养的内涵

（一）逻辑推理素养的含义

《义务教育课程方案和课程标准（2022年版）》中对逻辑推理素养进行了定义，认为逻辑推理素养是指学生在已有逻辑推理能力的基础上，在逻辑推理活动中通过对逻辑推理的体会、感悟和反思，在真实情景中表现出来的一种综合性特征。从广义上来说，它是一种综合性特征；从狭义上说，是指在真实情景中应用逻辑推理能力与技能理性地处理问题的行为特征。

（二）逻辑推理素养的构成要素

从信息社会对逻辑推理素养的需求特征、时代要求的公民以及"受过教育的人"的特征，我国颁布的科学素养框架、数学课程标准以及国内外对逻辑推理素养分析框架的分析，可以发现逻辑推理素养是由五个要素构成的。

1. 逻辑推理知识素养

任何素养的产生离不开知识，逻辑推理素养的产生离不开逻辑推理知识。逻辑推理知识是逻辑推理的本体性素养，逻辑推理素养只有在学习逻辑推理知识以及应用逻辑推理知识的过程中才能生成，没有逻辑推理知识，逻辑推理素养就是无源之水、无本之木。只有在具备逻辑推理知识素养的基础上才会拓展形成其他素养，这一点是国内外逻辑推理素养研究者的一致观点。

2. 逻辑推理应用素养

关注知识的应用是任何教学的价值追求之一。正如近代教育学之父夸美纽斯所认为的那样，"凡是所教的都应该当作能在日常生活中应用并有一定用途地去教。这就是说，学生应当懂得，他所学的东西不是从某种乌托邦取来的，也不是从柏拉图式的观念借来的，而是我们身边的事实之一，他们应当懂得适当地熟识它对生活是大有用处的。这样一来，他的精力和精确性就可以得到长进"。

逻辑推理应用素养指的是学生在真实情景中应用逻辑推理知识和技能问题的能力，是最直观地反映逻辑推理素养的重要方面，个体的逻辑推理素养的其他方面都是通过在现实情景中对逻辑推理的应用而体现的。

3. 逻辑推理思想方法素养

逻辑推理思想方法素养表现为学生对逻辑推理中蕴含的科学方法和逻辑推理特有的方法的掌握与在真实情景中的应用。在义务教育阶段，逻辑推理能力主要包括判断真假是非的能力、抽象概括能力、论证反驳能力、理解识别能力、形式推理能力、比较类比能力等。

4. 逻辑推理思维素养

思维素养的生成是当代教育家的共识。美国教育家贝斯特曾经说过，"真正的教育就是智慧的训练""学校的存在总要教些什么东西，这个东西就是思维能力"。英国教育哲学家赫斯特强调："教育的中心目的是向学生传授主要的思维形式。"所以，培养学生的思维是教育的主要价值之一，因为思维的重要性在于，一个有思维的人，其行动取决于长远的考虑。它能做出有系统的准备，能使我们的行动具有深思熟虑和自觉的方式，以便达到未来的目的，或者说指挥我们去行动以达到现在看来还是遥远的目的。

5. 逻辑推理精神素养

德国存在主义哲学家雅斯贝尔斯指出："教育过程首先是一个精神成长的过程，然后才成为科学获知过程的一部分。"也就是说，在逻辑推理教育中，逻辑推理教育精神素养的生成是逻辑推理素养的最高层次。

但是，逻辑推理精神的生成是逻辑推理教学中最为忽视的部分，也即在我们的逻辑推理教学中，对逻辑推理精神的教育与研究尚未引起应有的重视，相当多的教师不懂得什么是逻辑推理精神，更谈不上用逻辑推理精神铸造学生高尚的人格。因此，这导致不少学生在数学学习中会解题、能考试，却缺乏理性精神；唯书、唯师、唯上，却缺乏求真与创新精神；有追求，敢实践，却不知反思和自省。这种在数学工具论指导下的形式主义的数学教学，对学生的发展是不利的，既影响了他们的综合素质，又影响了他们的专业水平。

总之，上述讨论基本明确了逻辑推理素养各层次的含义，而这五者之间的关系是，逻辑推理知识素养是逻辑推理的本体性素养，在逻辑推理知识素养的基础上拓展出逻辑推理应用素养、逻辑推理思想方法素养、逻辑推理思维素养和逻辑推理精神素养。

二、培养学生逻辑推理素养与能力的建议

马克思主义原理告诉我们，一切科学的理论认识，如果离开了为实践服务这个根本的

目的，都将失去其存在的意义，而且人类认识世界的根本任务不仅是要正确地说明世界，更重要的是要有效地改造世界。前面讨论了逻辑推理素养的内涵与构成要素，为逻辑推理素养生成的教学策略构建奠定了坚实的基础。下面从教学策略实施的基本理念、教学过程、教学内容、师生关系设计以及评价方式等方面构建逻辑推理素养生成的教学策略。

（一）以具有真实情境的问题为驱动，指向素养的各个层面

从逻辑推理素养的内容构成来看，其包括逻辑推理知识素养、逻辑推理应用素养、逻辑推理思想方法素养、逻辑推理思维素养、逻辑推理精神素养。对学生逻辑推理素养的教学现状研究表明，我国学生的逻辑推理素养的教学现状是注重数学知识的教学，忽视逻辑推理素养的整体生成；注重数学知识与技能的常规应用，忽视在具有真实的、多样化的、开放性问题情境中的应用；注重数学问题的解决，忽视学生对问题解决以及对数学的体验、感悟、反思和表现能力的引领；注重课堂教学，忽视社会生活中应用数学的引领。所以，逻辑推理素养生成的教学必须以具有真实情境中的问题为驱动，在具有真实情境的问题解决中以数学应用为核心，在数学应用的过程中引领数学精神素养、数学思维素养、数学思想方法素养和数学知识素养的生成。

具有真实情境的问题是指将数学真实地与现实世界结合起来，凸显数学在现实世界中的作用，使学生建立数学特别是逻辑推理与现实生活相联系的问题。荷兰著名数学教育家弗赖登塔尔指出："讲到充满着联系的数学，我强调的是联系亲身经历的现实，而不是生造的虚假的现实，那是作为应用的例子人为地制造出来的，在算术教育中经常会出现这种情况。"

在逻辑推理素养生成的教学中，应该以具有真实情境的问题为驱动。具有真实情境的问题能够使学生真实地体验、感悟和反思数学在现实生活中的作用，并且在处理问题的过程中，表现自身的逻辑推理知识素养、逻辑推理应用素养、逻辑推理思想方法素养、逻辑推理思维素养、逻辑推理精神素养。如果情境不真实，就会造成学生对数学与现实生活是否紧密联系产生怀疑。

逻辑推理素养生成的实践指向性表明，逻辑推理素养的生成是在认识真实世界、解决现实问题、完成真实世界的任务中进行的。因而，逻辑推理素养的生成是在数学与真实世界的联系中实现的。正如著名数学家柯朗所指出的那样："当然，数学思维是通过抽象概念来运作的，数学思想需要抽象概念的逐步精炼、明确和公理化。在结构洞察力达到一个新高度时，重要的简化工作也变得可能了，然而，科学赖以生存的血液与其根基又与所谓的现实有着千丝万缕的联系，只有这些力量之间相互作用以及它们的综合才能保证数学的

活力。"也就是说，归根结底，数学的生命力的源泉在于它的概念和结论尽管极为抽象，但却如我们坚信的那样，它们是从现实中来的，并且在其他科学中，在技术中，在全部生活实践中都有广泛的应用，这一点对于理解数学是最重要的。所以，无论是数学知识的获取，还是理解数学；无论是数学思想方法的掌握，还是数学思维的活力，都来自学生对真实情境问题的处理。

（二）以多样化的数学活动为载体，引领学生体验与感悟逻辑推理素养

逻辑推理素养的生成需要引导学生体验数学发现、质疑、数学问题解决、数学审美以及数学精神的熏陶，体验、感悟和反思的结果，并在各种活动中表现出来。也就是说，课堂教学应该关注再生长、成长中的人的整个生命。对智慧没有挑战性的课堂教学不具有生成性；没有生命气息的课堂教学也不具有生成性。从生命的高度来看，每一节课都是不可重复的激情与智慧综合生成的过程。所以逻辑推理素养生成的教学过程需要通过设计多样化的数学活动，从而引领和激发学生体验、感悟逻辑推理素养。

所以，需要在数学教学中设计与逻辑推理素养各层面对应的综合性的数学学习过程，在这个过程中，学生要有与之对应的数学活动经验，并在此过程中引领和激发学生体验、感悟逻辑推理素养。

（三）开发社会生活资源，引导学生体验逻辑推理在现实生活的应用

课程资源是课程建设和教学的重要方面，逻辑推理素养的开放性表明，逻辑推理素养的生成不能仅仅靠教科书和一些辅助性的练习册，需要在教学中不断地建设。而逻辑推理素养生成的课程资源来源于真实的社会生活。杜威认为："教学不是学院式的，而必须与校外和日常生活中的情境联系起来，创设能够使学生的经验不断生长的生活情境——经验的情境。"

此外，逻辑推理素养的课程资源需要数学教师和学生共同建设，从开发的社会资源中挖掘指向逻辑推理素养展示的开放性的真实问题。

逻辑推理素养生成的课程资源分为几个方面，即逻辑推理应用、逻辑推理思想方法、逻辑推理思维以及逻辑推理精神。具有真实情境的问题需要从教材走向社会，从社会不同的环境中寻找来自生活中的逻辑推理，作为人类文化遗产的数学、工作场合的数学、科技领域的数学等。所以，逻辑推理素养生成的课程资源需要走向社会，挖掘社会生活中不同层面存在的和应用的逻辑推理，激发和引领学生体验、感悟、反思逻辑推理在现实生活中的应用，并在真实的情境中表现学生自身的逻辑推理素养。

（四）以开放性的情境问题为工具，激发和引导学生逻辑推理素养的养成

逻辑推理素养的境域性表明逻辑推理素养评价需要与之对应的真实情境。逻辑推理素养的综合性特点表明，逻辑推理素养的培养需要逻辑推理素养的评价方式多元化。而逻辑推理素养的外显性特征需要学生能够把逻辑推理素养表现出来。所以，创建适合于学生表现逻辑推理素养的情境极为重要。为此，逻辑推理素养评价策略关注表现性评价和真实性评价策略。隆贝尔格指出："我们面临的挑战是怎样创造课程体系，充满着来自社会和政治、经济方面的成果，从而帮助学生理解问题的复杂性，在解题的过程中帮助学生懂得并且发展逻辑推理在解决问题中的作用，相应地让他们发展数学威力。"

真实情境是指学生所面临的一种情境。在这里强调真实情境，因为有些情境是不真实的，通常是为数学知识的应用而有意编写的情境。逻辑推理素养教学现状调查结果表明，我国学生对于开放性问题解答的平均正确率落后于国际平均水平，甚至在一些开放性问题上接近平均正确率最低的国家。而这一点与我国长期的数学问题答案的唯一性有关，学生形成只有唯一正确答案的习惯。

总而言之，通过进一步的研究可以明确，逻辑推理素养的生成教学策略可以从中推动素养的整体生成，对于数学的教育教学发挥了巨大的价值作用。逻辑推理素养的生成只有进行全面的拓展，才能处理好不同情境的不同问题，才能对数学的体验、感悟具有较为深刻的影响，通过进一步的概括分析，了解到对素养生成的策略影响具体包括以下三个方面。

第一，逻辑推理素养生成策略主要就是针对当前高中生的学习情况进行掌控，保持一定的优势所在，并给予相应的弥补。

第二，逻辑推理素养生成策略，对学生的学习情况具有较强的影响，同时对素养生成教育教学也发挥了巨大的作用。

第三，逻辑推理素养生成的教学策略注重以具有真实情境为侧重点，将情境与数学知识进行有机结合，共同促进学生逻辑推理素养的提升。

第三节　数学建模素养能力的培养

一、数学建模素养的内涵

（一）数学建模素养的含义

数学建模是建立数学模型并用它解决问题这一过程的简称，也就是说，把一个现实生

活的问题经过一番必要的简化假设，用数学的符号、公式、图表等对客观事物的本质属性和内在规律进行描述，运用恰当的数学工具，得到一种抽象、简化的数学结构，并反过来将这个数学结构用于研究实际问题，也就是把现实问题抽象成一个数学问题，又合理地返回到实际中去，这个过程就是数学建模。数学建模与应用题有着明显的差异，又有密切联系，主要体现在以下四个方面：一是问题给出条件的充分程度；二是问题解决过程中是否需要假设；三是问题的讨论与验证的复杂程度不同；四是问题解决的表达形式不同。

（二）数学建模素养的重要性

数学建模素养在这里是指运用数学建模知识解决实际问题的思维和能力，是素质教育的较高体现。

数学建模素养对青少年的发展尤为重要。近年来，国内外专家对数学建模素养的研究也越来越突出。在高中课堂教学中加入数学建模，既是课标要求，也是当前高中生数学学习中正缺乏的素养。由于数学建模连接现实世界和数学世界，引起了研究者对数学建模活动的广泛兴趣。这也是国内教育专家将数学建模素养列为数学核心素养的重要原因之一。

随着科学技术的飞速发展，数学建模素养的重要性日渐突出。数学的思考方式具有根本的重要性，数学为组织和构造知识提供了方法。在信息技术支持下，数学建模对社会的作用将会更加强大。因此，数学建模素养的培养越来越受到重视。数学建模的重要性主要体现在以下四个方面。

第一，数学建模素养打破传统观念，重塑数学新形象。人们以往对数学的印象大概就是"学了数学好算账"，将数学视为一门计算工具。其实不然，学生从小就开始数学的学习，近年来国内外各种数学相关竞赛的开展，正是为了开发青少年的创造性思维，开阔学生的视野，让学生在学习生涯进行各种新尝试，不断开发探索。

第二，建模素养促进学生想象力、洞察力和创造能力的提高，有助于培养学生语言表达能力、文字理解能力。一般的建模问题都没有固定的模型和唯一的标准答案，需要学生根据自身知识储备和计算能力去分析求解问题。这需要学生发挥想象力、观察力、创造力，结合经验和相关研究资料，抽象得到数学问题的解。

第三，建模素养促进学生身心发展。培养高中生的数学建模素养，有利于培养学生严谨求实、一丝不苟的学习态度，独立自主的、善于团结协作的学习工作品质以及迎难而上、敢于攀登的拼搏精神。

第四，数学建模素养将数学与其他学科领域相结合，从而实现跨学科多领域研究，充分发挥数学建模在科学发展中的重要作用。数学建模是一个数学家转型成为精通其他领域的专家的必经之路。可见，数学建模素养对科学领域发展的作用不容小觑。

(三) 数学建模素养水平划分

PISA 把数学建模定义为五个步骤，包括真实世界中的问题、数学问题、数学解决方法、实际解决问题，还原到真实世界问题。数学建模素养水平体现了学生对数学建模知识的掌握程度、对数学模型建立、求解、检验的运用能力以及对数学建模的认知感悟。为进一步深入研究高中生数学建模素养，根据青少年智力身心发展规律，将建模素养水平划分为四个层次。

第一，水平一。学生不能从熟悉的情境中发现数学问题，不能将实际问题转化为数学问题，不了解数学建模的过程。数学建模过程不是纯粹按照解数学题的过程进行，在此基础上步骤更严谨，条理更清晰，所得结果不唯一。

第二，水平二。了解数学建模过程，能够从熟悉的情境中分析问题，找到相近的数学建模例子并模仿其过程，但不能完整地给出求解过程，不能使问题得到解决。虽然数学建模素养已经渗透到高中数学课程之中，但并不是每一位学生对数学建模的认知都掌握得很好。因此，此水平的学生能初步读懂、理解建模情境问题，但不能在实际生活问题中抽象出数学问题并使问题得到解决。

第三，水平三。能够通过独立思考，分析熟悉的情境找到合适的数学模型，发现问题并转化为数学问题，不能得出完整答案，不能检验结果合理性。华东师大徐斌艳教授、纪雪颖等人研究了"菠萝中的数学"，实际生活中菠萝去籽落下更多果肉的实际问题，通过数学模型、公式计算，从而得到最优化去籽方案，即采取的是斜着削，削成螺线型的方式。将菠萝抽象成二维平面图形，学生通过简单的平面几何运算，即可得到最优方案。根据课程标准的要求，注重信息技术与数学课程内容整合，计算机技术的广泛使用，使得"数学从社会的幕后走到台前"。在高中阶段，学生只需拥有一定的运算水平，能够在教师指导下，对实际问题进行分析，建立简单的数学模型，经过运算得出结果，从而解决实际问题。

第四，水平四。能够在熟悉的情境中发现数学关系，运用一般建模知识建立数学模型，求出结果并回归问题情境，具备一定的检验结果的意识。根据课程标准中的要求，数学建模是在实际问题中运用数学思维，学生能够在实际问题中分析问题，找到合适的数学模型，通过数学方法计算得到合理答案，并回归到实际生活问题。

（四）数学建模素养的构成要素

1. 数学建模品格

（1）建模品格定义

品格，也称作品性、性格。性格也可称个性或人格，是指个人思想、行动上的特点。在对数学品格的探讨中，有的研究认为数学品格是由积极的思维态度、科学的思维方式以及思维的内驱力构成的。有的认为数学品格是学生对待数学的兴趣和情感。有的认为数学品格是学生的学习情感、学习积极性、学习中的合作意识以及学生的综合发展。因此，数学建模品格可认为学生在经历数学建模的学习过程后，对数学建模表现出的情感、自信心以及对数学建模价值的认识这三方面的表现。

（2）数学建模品格维度

根据对数学建模品格的定义，数学建模品格可以分为以下三个维度：学生对数学建模的情感、对数学建模学习的自信心以及对数学建模的价值观。

2. 数学建模能力

（1）建模能力定义

数学建模能力是一个综合运用知识解决实际问题的数学能力，它在当今是衡量一个学生数学能力的重要标准之一，是数学应用广泛性的体现。著名学者吴长江指出，数学建模能力是指对问题做相应的数学化，构建恰当的数学模型，并将该模型求解返回到原问题中进行检验，最终将问题解决或做出解释的能力。

（2）数学建模能力维度

根据已有的研究成果和自己对数学建模能力的思考，数学建模能力维度的确立必须满足以下要求，即包括学生经历整个数学建模过程所体现出的能力，维度涵盖的范围要具有全面性。

本书对数学建模能力维度的划分是依据数学建模整个过程中体现出的各个方面的能力，由于计算机能力和团队合作能力不容易测量，结合实际的可操作性，确定以下六个方面的维度以测试学生的数学建模能力。

①阅读理解能力

一般意义上的数学阅读理解能力是指较流畅地实现文字语言、符号语言、图形语言的相互转化，发现数学题目解释的内涵和外延。在数学建模中遇到的实际问题材料都是比较复杂的，没有明确给出数学关系。要把复杂的实际问题转化为数学问题，需要读懂材料，也就是从所给材料中提取可以帮助问题解决的有价值的主要要素和数据，这是本书中所指的阅读理解能力。

②数学应用意识

对数学应用意识的解释有许多，此处的数学应用意识是指学生在面对生活实际中的问题，能用与数学有关的知识、方法、思维等解决实际问题的心理倾向。

③分析和逻辑推理能力

分析和逻辑推理能力是指对一个比较复杂的问题，经过敏锐细致的思考分析，迅速掌握问题的核心，把问题分成相对比较简单的部分，并能对问题做出合理的回答与选择。

④创新和发散思维能力

创新和发散思维能力是指当人们面对问题时，根据问题特征和已有经验，运用所掌握的知识，让思维展开各种可能的联想与想象。

⑤数学化能力

"数学化"是由弗赖登塔尔提出的，他认为的数学化能力是指用数学的思想方法来分析与研究客观世界的种种现象并加以组织和整理的过程。在本书中的数学化是指学生通过已有的数学知识储备和数学思想方法，能将实际问题抽象为数学模型。通俗地讲，数学化能力就是把实际问题转化为数学模型的能力。

⑥模型求解能力

在建模过程中，将实际问题转化为数学模型后，需要对数学模型进行求解，以达到得到结果的目的。所以模型求解能力是指能利用简单有效的数学知识和数学思想方法，对数学模型进行合理的求解，获得结果的能力。

二、培养学生数学建模素养与能力的建议

高中阶段的学生思维特点是能够提出和检验假设，思维具有抽象性、可逆性。根据对数学建模素养的调查得出：第一，学生的数学建模知识广度和深度不足；第二，学生建模能力普遍偏低；第三，学生对数学建模活动缺乏自信。所以基于以上问题，现提出了以下五点建议。

（一）拓展学生数学建模知识，加强理论修养

各地学校数学建模教学活动收效甚微，最基本的原因是学生缺乏建模知识储备。因此，拓宽知识面，加强理论知识势在必行。

1. 开设数学建模读书角，营造建模氛围

各学校可以根据自身情况开设数学建模读书角，让更多对数学建模有兴趣的学生可以更好地交流学习。如果学校对数学建模感兴趣的人数较多，可以在各班专门开设读书角，也可以在学校图书室专门成立读书角，设时设点进行交流讨论，还可开设数学建模读书课，按大班（100人左右规模）进行统一管理。

2. 多进行建模讲座，了解建模研究前沿动态

学校可以邀请研究数学建模的专家学者到校做相关的学术讲座，给学生提供与专家一对一交流的机会。与专家交流，可以快速拓展学生专业知识；可以获取数学建模前沿发展信息；可以开拓学生对数学建模新的认识。

（二）注重创新教学，提高学生建模能力

数学建模能力的培养需要循序渐进。在课堂教学中针对数学建模进行创新改革，才能对学生形成潜移默化的影响。因此，教师要创新教学方式，加强思维训练。

1. 在解题教学中创新教学

数学应用题在传统教学中就是有固定答案的，因此大多数学生在解答过程中都在按解题套路求解，这就形成了所谓的"答题套路"，因而导致学生的数学思维和能力得不到锻炼和提高。因此，在课堂教学中，应该打破传统的就题讲题，为考试而做题的教学训练模式，打破学生的思维定式，面对要解决的问题鼓励学生从多角度思考、大胆创新，学有学法，学无定法。

在课堂教学讨论中，关于模型假设，教师可以根据学生的理解提出更多模型假设，只要合乎情境均可，不拘泥于常规设置。师生在模型假设讨论时应当注意其合理性，所设模型能用高中范围之内的数学知识求解，不满足于一种模型。鼓励不同小组假设不同模型。

2. 在教学思想上创新教学

在课堂教学中渗透建模思想，可以开阔学生视野，打开学生思维，让学生领悟数学的魅力。数学建模不仅仅只是一种工具，更是一种思维方法，生活中的许多实际问题都可以通过转化为数学问题而得以解决，这个过程中最重要的就是数学模型的建构，培养学生建模思维对学生今后的学习或工作都大有裨益。实际生活中、其他学科领域、数学其他问题等都可以成为建模中面临的问题，要想把它们经过加工变成理想化的数学题再通过数学建模过程得到答案，使得问题解决，建模思维尤为重要。

3. 在考试题中突出数学建模

丰富考试题型，将数学建模试题设为开放性题目。一些学校尝试设立数学附加题，数学建模题就是最好的选择。这样可以让学有余力的学生在考试中挑战自我，锻炼其数学建模能力。

（三）让"数学建模"学生化，增强学生数学建模信心

1. 开发教材

对数学建模的教学，不能仅限于教材上与数学建模有关的知识和内容，还应该开发教材，把教材与实际生活、数学建模相结合，对教材进行合适的调整。教师在教授数学建模课程时，对于教材上一些建模部分的内容，可以进行适当的改编，并让学生参与将实际问题转化为数学模型的过程。

2. 选择"接地气"的数学建模案例进行教学

不少学生之所以对建模敬而远之，学习建模信心不足，其原因在于它的问题情境离学生接触的环境太远，所以要让"数学建模"走近学生，增强学生对数学建模学习信心和兴趣。

3. 编写具有民族特色的数学建模校本课程

学校及相关部门可以通过对一线数学教师进行再培训，拓展教师的数学建模专业基础知识，提高教师的数学建模技能，组织优秀数学教师成立数学建模校本课程编写组，广泛收集整理具有当地特色背景的实际问题，编写以这些实际问题为情境的数学建模教程，增加数学建模在当地学校学习的实用性和趣味性。

（四）加强对教师的培训

俗话说："教给学生一口水，教师要有一桶水。"这就要求教师要不断学习充实自己，提高专业技能，这是教会一个学生的前提。数学建模教学需要学生拥有许多方面的能力，因此教师应该先提升自我对数学建模的理解和运用能力，提升自己对数学建模的修养。

（五）积极开展数学建模活动

适时安排数学建模活动，可以使学生从固有的学习模式中解放出来，缓解学生的学习压力，激发学生对数学建模的学习兴趣。可以通过讲座的形式作为数学建模教学的补充，还可以根据学校的自身情况，组织开展一些数学建模社团或者协会，使爱好数学建模的学

生都能参与进来。定期组织参加一些数学建模竞赛，通过数学建模竞赛，让学生在数学建模活动中挖掘潜能，感受集体意识，拥有较强的团队合作意识，使集体和个人都得到发展。

第四节 数学直观想象素养能力的培养

一、直观想象素养的含义

在传统认识中，空间想象力指的是人们对客观事物的空间形式进行观察、分析和抽象的能力。空间想象力包括在心理上操作、旋转、翻转或逆转形象刺激物的能力。朱文芳认为，空间想象力是完成空间认知任务的桥梁，空间思维能力起着决定性的核心作用。心理学家通常认为，想象以表象为基本材料，但不是表象的简单再现，是指在头脑中对已有表象进行加工、改造、重新组合形成新形象的心理过程。秦德生、孔凡哲认为，空间想象能力是指脱离背景也能想象出图形的形状、关系的能力。直观是在有背景的条件下进行，想象是没有背景的；几何中的推理证明始终在利用几何直观，想象图形，构造图形。

基于数学概念之上的数学直观大大简化了我们对于繁杂的实际问题的苦恼，同时大大活跃了我们分析解决问题的思路。通过实验数据来寻找某些变量之间的函数关系，形成简练的数学直观，准确、简明、生动地表达出来，进行定性直至定量认识。

数学直观对实际问题进行抽象，形成对于原事物在数学意义上的直观理解，强调其形象的意义，弱化其抽象的意义，激发想象力和洞察力。思考问题中事物或现象潜藏的量的关系和空间形式，形成一个直觉情景，再用数学语言翻译表达出来，优先把握数学直观的顺序安排，恢复数学发现的面目，表达和解释客观现象。

培养学生的数学直观想象素养十分重要，从某种角度说甚至比培养学生的数学抽象力更为重要。怎样培养数学直观呢？首先是关注，即在教学过程中面对数学概念、思想、方法时，教师应引导学生关注其中蕴含的数学直观，思考大师是怎样觉察到的，如等差数列倒序相加求和方法；其次是模仿，即学生主动模仿好的思维方式；再次是实践，通过做练习和参加竞赛；最后锻炼使学生真正具有把握数学直观的能力。巧妙的数学直观的创造和运用使我们在数学学习、数学运用的山重水复中看到了柳暗花明，使抽象的数学不再苍白，而是充满灵性。

培养学生的数学直观想象素养离不开培养几何直观能力，教师应从把握培养几何直观能力的方方面面，全面提高学生的数学核心素质。

二、培养学生直观想象素养与能力的建议

（一）直观性教学的原则

直观性教学原则是指教学中利用学生的多种感官和已有经验，通过各种形式的感知，丰富他们的感性认识，形成所学事物的清晰表象，从而使学生比较深刻地理解知识和发展认识能力。其运用要求是：第一，正确选择直观教具和现代教学手段；第二，直观要与讲解相结合；第三，重视运用语言直观。直观性教学原则主要强调，其一，要给学生展示事物的直观形象，提供感性而具体的经验；其二，要充分利用学生的已有经验；其三，直观是手段而不是目的。下面对直观性教学原则在数学教学中的应用进行分析。根据高中生的年龄特征和认知结构，在教学中要通过各种形式的感知，为他们提供一定的直接经验和感性认识，选择直观教具进行感知是常用的一种教法，包括图片、图表、模型、投影仪、教学影片及计算机等。这类直观可以突破时空的限制而广泛应用，可以化大为小，化静为动，化抽象为具体，突出事物的本质，便于更好地揭示教学规律。例如，在立体几何的教学中，介绍空间两条直线、直线与平面、平面与平面的位置关系时，可出示直观模型，通过模具的运动变化，使学生感知可能的各种位置关系，然后加以刻画，完成对知识的认知过程。在线面垂直的判定定理证明及异面直线上两点之间的距离公式推导等内容的教学中，利用直观模型对学生进行感知，是帮助他们理解和认知的基础，是教学的一个主环节。

实验是直观性教学的重要组成部分，通过实验可以帮助学生逐步形成概念，增强对新知识的感性认识。在教学中，教师精心设计，安排演示实验或者组织学生动手实验，通过观察、分析、引导，在帮助学生获取感性材料的同时，促使他们积极思考、探索、发现规律，揭示结论，提高学生分析和解决问题的能力。

数学语言包括文字语言、符号语言及图形语言。把抽象数学语言转译成直观的数学语言，是理解和解决数学问题的基本方法，是数学教学中的一项重要工作。通过对数学知识的形象归纳和总结，往往有助于对知识的理解和识记，是数学教学中巩固和熟练运用知识的一种重要教学手段。

最后必须指出的是，在贯彻直观性教学原则的过程中，一般应注意以下三点：第一，要根据学科的性质、教材的内容和学生的年龄精心选择和恰当运用直观手段；第二，要善于与启发式教学结合起来，带动师生双边活动的开展，优化课堂教学结构；第三，要充分

利用直观材料培养学生的观察能力，引导他们学会对直观材料进行分析、比较、综合、抽象的思维方法，努力提高学生分析和解决问题的能力。

（二）数学教学的直观手段

对直观教学手段进行研究，早期的是曹志仕。他认为，高中数学直观教学手段有学校现有模型、自制模型、其他学科的模型、投影胶片、组合胶片、活动投影模型。有一种观点认为，在教学中直观不是目的，而是一种手段，因此在使用这种手段的时候，要把握好时机。

数学教学的直观手段分为感官直观与思维直观两大层次，这是由数学的特点和数学的认知特点所决定的。从数学教材的内容所呈现出的逻辑结构来看，较高级的抽象层次建立在较低级的抽象基础之上，从认知的角度讲，也要先从对客观事物的直接认识出发，形成对教材内容逻辑结构的把握。

1. 感官直观层次上的直观手段

（1）实物直观

实物直观是指在教师的指导下，让学生直接作用于大自然，取得对大自然的直接感知，从中抽象出所学习的数学概念，形成鲜明的表象，以利于牢固地掌握特定的基本概念或基本方法，形成对后续知识的学习的牢固基础。例如，学生通过对光线、绳子等感知形成直线、射线、线段等概念，通过折纸发展学生的几何观念等。另外，在教师的指导下，让学生利用所学理论解决实际问题，从而巩固所学知识，对所学知识达到更深刻的掌握，从这种意义上讲，它也应视为实物直观手段。例如，高中生利用同一时刻，物高与影长之比为定值的原理去测量旗杆的高度，或利用相似的原理去测量河的宽度。实物直观具有鲜明性、生动性和真实性，有利于学生确切地理解教材、掌握教材，有助于提高学生的学习兴趣和积极性，能激发学生的求知欲，使学生掌握得快，也不易忘记。实物直观的缺点是，事物的本质特征难以突出、内部不易细察、动静难以控制，不易组织学生进行有效的观察。

（2）模像直观

在数学课程中，由于理论的理想性，直接通过现实世界现象的观察有时就显得不够，不足以抽象出相应的概念和关系，因而就产生了模像这种直观教具。模像直观也叫教具直观，是直观教学的类型之一，指通过对实际事物的模拟性形象的感知提供感性材料的直观方式，如观看图片、图表、模型、幻灯、录像、电影等。立体几何的教学中广泛地使用者模型直观的手段，正是这一手段，帮助学生建立起空间概念，促使其空间能力、想象能力及逻辑思维能力的形成。模像直观就可以摆脱实物直观的局限性，根据教学目标的要求对实物进行模拟、放大、缩小、突出重点，可以变静为动或变动为静，把快变慢或把慢变快，也可以变死为活、变远为近，从而把难以呈现的对象在学生面前呈现出来。模像直观还可使抽象难懂的东西成为具体的、认识的东西。利用模像直观，既可以使学生通过模拟大自然的状态的方法间接地认识自然，又有利于学生从他们习惯的生活经验和常规思想向着与他们所学习的知识相适应的那种经验和思维，即理论思维过渡，有利于训育学生的常规思想，使其摆脱偏见和谬误，对学生形成科学的概念和原理，掌握概念之间的关系具有重大的作用。在数学教学中，模像、图形直观是一种重要的直观手段。从数的概念的建立和几何形体的割补变换，到平面几何、立体几何、集合对应、函数等内容的教学，随处可见模像直观。模像直观不是实物，难免导致学生获得的知识不是很确切，因此在制作和使用教具时，要注意教具中的事物与实际事物之间的正确比例。

2. 思维直观层次上的直观手段

（1）数学语言直观

语言直观是对实物直观和模型直观的一种辅助形式，一般指在教学中使用形象化的语言描述。数学语言是逻辑性很强的语言，通常按数学语言所使用的主要词汇，将数学语言分为三种，即文字语言、符号语言和图像语言。图像语言是数学的直观语言，它不同于实物的直观感知，而是通过抽象思维加工和概括的产物，它形象、直观地表达数学概念、定理和法则，往往使整个思维过程变得易于把握。图形一般分为几何图形、函数图像，另外还有韦恩图、示意图、表格和思路分析图等。如今，随着计算机器绘图功能的不断完善，图形语言备受青睐，已成为学习新知识，提出并解决新问题的有力工具。文字语言、符号语言向图像语言的转化已成为数学问题直观化的主要手段之一。高中数学中有许多与实际联系紧密的内容，如列方程解应用题部分，还有许多概念是实际的抽象，如正负数的概念可以看作零上气温和零下气温的抽象。像这样一些内容，都可以通过大量的感性事实用形象化的语言，使学生能直观地把握相应的内容。

数学语言直观是通过教师对事物的形象化的语言描述引起想象进行的，语言直观可以利用表象和再造想象，唤起学生头脑中有关事物形象的重现或改组，从而造出新形象。语言直观可以不受客观条件的限制，不受时间、地点、设备的限制，但它不如感知那样鲜明、完整和稳定，它容易中断、动摇、暗淡，甚至不正确。教师在进行直观教学时，要根据教学目的的要求，从教学内容的实际出发，结合学生身心发展的特点，这样才能有效地提高教学质量。

（2）模式直观

基于一种思维的直观，张广祥提出了几何直观对应的代数教学中的模式直观。模式直观是根据概念的抽象度的梯次而形成的一种直观，它与本书的图形直观不同，尽管在某些形式中存在着些许异曲同工之处，比如，关于欧拉多面体的证明在本书中是一种类比直观化，而在张广祥的观点下，则是一种模式直观。与"模像直观"借助视觉感官不同，模式直观则是借助抽象思维的层次而展开的，大自然具有秩序，人的思维过程则具有层次性，从比较具体的思维向更加抽象的思维逐步过渡。于是，在较高层次的思维过程中，我们可以利用较低层次的直观形象为背景构建推理模式。

一般来说，所谓模式直观，是指通过相对比较具体的、先前已经熟悉的，具有普遍协调感的、容易接近的模式作为背景，使得人们能够进一步把握和理解更加抽象、更为深刻的思维对象。模式直观是人们对事物之间逻辑关系的一种比较直接的、形象的推断和理解。早在古希腊就有了公理化的演绎体系，欧几里得的《几何原本》是其杰出代表。只是在19世纪与20世纪之交，数学家希尔伯特建立了"形式主义数学"体系之后，公理化数学才真正严格地建立起来。这是人类理性精神的伟大胜利。公理化数学主张复杂的数学推理应当放置在一个逻辑基础充分可靠的基础上，使得数学推理不受推理者的主观意志的干扰，从而把推理的前提与推理的过程严格地区分开来。传统的观点认为，一旦公理系统已经形成，依靠直觉所产生的知识就不再随意进入推理过程。

如果把这种形式主义数学观绝对化，就会导致全盘排斥直觉在数学推理中的作用，认为直觉不可靠。但是，数学家创建新的数学，并不能排除直觉的参与，我们不能仅仅依靠公理化的形式演绎来获得推理结果。英国数学哲学家、科学哲学家拉卡托斯详细考查了欧拉多面体定理：$V+F=E+2$ 的形式过程与证明逻辑。这一定理最简洁的证明途径是，设想把一个单连通多面体的某个面延展开去，然后把多面体的其他面压缩到这个被延展开的面上，这样就不难知道平面图满足欧拉等式 $V+F=E+1$，再还原为多面体的欧拉等式 $V+F=E+2$。拉卡托斯评论说，没有哪一位数学家不承认这是一个完美的数学证明。在这样漂亮的证明中，无论我们从哪一个角度来分析问题，最为重要的，也最本质的一步就是"绷大"一个面，"压缩"其他面的想法。这样的"绷大—压缩"实际上仅仅是"头脑里的操作"，是一种典型的思想实验，这种想法虽然奇特，但是非常直观。我们没有任何理由怀疑这种直观方法在逻辑上有什么不可靠。而且，我们也无法找到这样的"头脑里的操作"有什么"公理依据"，或者什么"逻辑法则"的依据，我们所依靠的仅仅是"直观"。这种"直观操作"并不依赖对几何图形的直接观察，而是一种广泛为人们所接受的思维模式。

真正的创造性的数学推理过程，即数学思维的原始形态，充满模式直观。我们通常看到的作为结果的数学，只是"冰冷而美丽"的数学的学术形态。

（三）加强数形结合方法在直观性教学中的渗透

数形结合是变换的一种，它是符号信息和形象信息的转换。把对数的思维转移到对形的思维，由数思形，由形思数，数形渗透，两者相互推进，层层深入，触发学生灵感；培养学生思维的灵活性和创造性。

由数思形，许多问题直接从"数"出发本身去解，往往难以下手，抓不住问题的本质，但若能从"形"的角度考虑，如把属于代数、三角范畴的数量关系转化为空间形式，则错综复杂的关系往往清晰可辨，解题思路茅塞顿开。

数学是研究数量关系与空间形式以及它们之间关系的一门科学，"数"具有概括性、抽象性的特点，而"形"则具有具体化、形象化的特点，两者之间没有不可逾越的鸿沟。数形结合是数学解题的基本策略之一，通过平面直角坐标系既可以使几何问题转化为代数问题，又可使代数问题转化为几何问题；既能发挥代数的优势，又可充分利用几何直观，借助形象思维获得出奇制胜的精巧解法。华罗庚教授的这些话对我们的数学解题具有极深刻的启示。数形结合解题常使我们的思维豁然开朗，视野格外开阔，不少精巧的解法正是数形结合相辅相成的产物。

许多代数问题，直接根据数量关系求解显得十分繁难，但如果能够将解决的问题转化为与之相关的图形问题，使数量关系形象化，再根据图形的性质和特点进行解题，常能节省大量繁杂的计算，使问题的解答简洁直观，别具一格。

第五节　数学运算及数据分析能力的培养

一、培养数学运算素养与能力

（一）重视学生非智力因素的培养

1. 培养学生学习数学的兴趣

目前，受应试教育的影响，数学教学显得单调、呆板、没有生机。很多教师为了完成教学任务，不愿花时间激发学生的学习兴趣，照搬教材内容。"兴趣是最好的老师"，让学生对数学学习产生数学兴趣,学生喜欢数学,才愿意花时间和精力在数学学习上,这样才有可能提高学生的数学运算能力。如果学生对数学学习不感兴趣,那他们花在数学学习上的时间就少,时间少了,学得更不好,就越没兴趣,这是一个恶性循环的过程。要培养学生学习数学的兴趣,可以从以下三个方面入手。

首先,教师对教学内容的设计要联系学生的客观现实和数学现实,最好与学生的实际生活经验和知识结构有联系。设置的问题情境一定要符合学生的生活实际,在选择课堂练习的时候,题目的难度要有一定的层次性,一般先出一些简单的,使学生产生一定的成就感,这样,学生就会有兴趣继续下去。其次,教学任务对于学生要有一定的挑战性,太过于平淡的教学过程不足以吸引学生的注意力,要让学生感到学习充实并且收获很大,这样更能激发学生的学习兴趣。最后,在上课过程中,学生的反应也是很重要的,教师应随时关注学生的反应,当学生的注意力不集中时,教师应该调节自己的教学方法,形式,适当地改变教学的语速及语调,也可以提出相应的问题,让学生小组讨论并选代表起来回答,这样可以调动学生学习的积极性。教师要随时注意学生的反应,在学生注意力不集中的时候,改变教学形式、教学的语调和语速等,采用讨论、小组竞赛的形式等。

2. 提升学生对数学运算能力的重视程度

意识决定行动,学生对数学运算能力不够重视,就不可能会花时间、精力在培养和提升自己的数学运算能力上。学生往往把一些不该出现的错误归结为自己粗心、马虎,认为只要下次细心点就不会犯同样的错了,但总是事与愿违,等到下次还是会犯同样的错误,学生没有找到其根源,这其实是数学运算能力水平低导致的。教师在平时的教学中,应强调数学运算能力的重要性,其对数学学习成绩的影响是非常大的。教师可以在学生每一次考试之后让学生分析自己的问题所在,教师再在此基础上对学生的问题进行补充,将学生因为数学运算能力差导致的错误展现出来,以便引起学生的重视。教师可以注重培养学生的思维能力,因为重视学生数学思维能力的培养,是从较深层次上提高学生数学运算能力的方法之一。数学思维品质具有明显的后天性,这就要求教师在教学中注重学生数学思维品质的培养。培养数学思维品质,可以使学生在解决数学问题时能更好地抓住问题的本质,能根据问题的条件、特征等多角度、全面地思考问题,并在题目中找到规律。

3. 培养学生良好的心理素质

在数学中,有很多的题目,这些题目也有难易之分,所以需要学生具备良好的心理素质。著名数学家波利亚说过,教学生解题是意志的教育。一个人的心理素质在一定程度上能够促进能力的发展,如果学生的心理素质不好,那在遇到难一点的题目,计算量大、运算过程复杂的题目时，就会害怕，甚至会放弃，从而导致数学成绩偏低，也在一定程度上打击了学生的积极性。如果学生的心理素质好，那么在遇到复杂的题目时，不会因为害怕而放弃思考，学生肯动脑思考，对提升学生的数学能力是大有益处的。所以教师在实际的教学中，应重视培养学生良好的心理素质。教师可以在设置习题时，从学生的实际出发，循序渐进，先难后易，有层次地将不同难度的题目展现在学生面前，给时间让学生解决。

4. 教学过程中注重教师的示范作用

在解决数学问题的过程中，学生很多时候是在模仿教师，也可以作为学生对比的对象，以便于学生找到更简捷、更好的解题思路，技巧。如果教师在平时的教学中，只注重解题思路、解题技巧的教学，那么久而久之，不利于培养和提高学生的数学运算能力。在平时的练习讲解中，教师应该带着学生一起分析题目，找出题目显性、隐性的信息，分析解题思路，找解题方法、技巧，带着学生反思解题过程，最主要的是要认真地板书解题过程，以便于学生参考、模仿，规范学生的解答过程。在上新课时，都会伴有例题，在讲例题的时候教师更不能偷懒，因为在接触新事物时，学生很可能不知怎么去分析、表达等，此时，教师更应该很认真地与学生一起分析，并认真地板书解答过程，做好示范。

（二）注重基础知识的教学及基本技能的培养

1. 加强概念、公式、法则等基础知识的教学

概念、公式、法则是数学的基础、奠基石，如果学生不掌握最基本的概念、公式、法则，根本就不能谈及数学解题，那也就不可能提升其数学运算能力。在教学过程中，教师应该注重概念、公式、法则等基础知识的教学。例如，在进行概念教学时，教师可以带着学生一起从现实实例中将对应的概念抽取出来，如在讲指数函数这一概念时，教师可以寻找生活中与指数函数有关的例子，如"细胞分裂"问题，学生经历了这一抽象概括的过程，更能加深学生对指数函数的理解、记忆。如果只是单纯地将指数函数的概念展现在学生的面前，学生很有可能对指数函数的概念理解不深刻，学生在课上可能可以记住其含义，但课后可能很快就会忘记。不管是对概念、公式还是对法则的教学，都应让学生参与其探索过程，让学生知道它们的来龙去脉，并让学生自己总结归纳，教师再做补充，这样更有助于加深学生对概念、公式、法则的理解以及记忆。

2. 加强学生对概念、公式、法则等的记忆及运用

在数学学习中，如果没有概念、公式，法则等的支撑，就不可能进行正确的运算。可见，在解决数学问题的过程中，对概念、公式、法则等的记忆是非常重要的。所以就要求

教师在平时的教学中，一定要加强学生对概念、公式、法则等的记忆。

在刚接触新的概念、公式、法则等知识的时候，教师讲完理论之后，可以紧跟与之运用有关的习题，这样也能加深学生的理解及记忆。教师可以在学生听课状态不是很好的时候穿插一些小环节，如比赛表述或书写教师指定的概念、公式、法则等，并给答对的学生小小的奖励，这样可以加强学生的记忆，没有举手回答的学生在教师评价的过程中也能加深印象。让学生记住一些比较常用的结论，对提高学生的运算速度也是非常有用的。

记忆概念、公式、法则等基础知识是不够的，只记住不会用，也不能解决数学问题，记忆是运用的基础，运用是记忆的表现形式。解决数学问题的过程，就是对数学知识进行运用的过程，对数学基础知识的运用也是非常重要的。在教学过程中，教师可以在讲完每个知识点之后，给一些相应的练习题，让学生去完成，遵循先易后难的原则，给适当的题目让学生练习。在选择例题的时候，要结合学生的实际，教师可以选一些学生可能会出问题的题目。在选择题目的时候，教师一定要明白选题的目的，不仅要备题，还要备学生，充分发挥所选题目的作用。

3. 加强基本技能的培养

（1）培养学生一题多解的能力

解决数学问题的过程是一个复杂的思维过程。在茫茫数学题海中，很多问题不止一种解决办法，一题产生多种解法，是解题者根据题目信息，从不同的角度看问题、分析问题所致，培养学生一题多解的能力，也是在培养学生的思维能力。值得注意的是，一题多解并不是问题和解题方法的简单堆砌，而是解题者从不同的角度去思考所得到的结论，培养学生从不同的角度思考问题，对提升学生的数学运算能力具有积极的作用。

（2）注重变式引申的教学

所谓变式引申，就是从一个问题出发，通过改变已知条件或者所求问题，得到一个新题，但解题的大概思想方法是不变的，即通过恰当的变化，以突出其中的不变因素，这样可以让学生做一个题得一类题，这样学生就可以摆脱题海战术，有效帮助学生更好地学会解决数学问题。

（3）加强学生口算和心算的训练

适当的口算和心算可以提高学生解题的速度，提高解题速度也是提高数学运算能力的一种表现。在解决数学问题的过程中，或多或少会牵涉数值运算，如果这个时候学生可以口算或者心算，能在一定程度上节省学生的运算时间，这样可以为稍微难一点的题目争取更多的时间去思考，这样做对的概率相对大些，学生的数学成绩就会提升一些。高中的学习任务很重，很少有教师和学生进行口算或心算的练习。在教学过程中，教师可以在上课之前适当地抽一点时间给学生进行口算或者心算练习，以竞赛的形式举行，这样既可以将学生快速地代入数学学习中，也可以训练学生的口算和心算训练。

(4) 加强运算技巧的指导

加强学生运算技巧的指导，既能提高学生解题的速度，又能提高学生做题的准确性。教师在数学教学中应该把常见的一些运算技巧传授给学生。

(5) 注重数学思想的渗透

数学思想是数学中最本质的东西，是数学的灵魂，离开了数学思想，数学就没了灵魂。常见的数学思想有函数思想、化归思想、数形结合思想、方程思想、分类讨论的思想等。教师在教学过程中，要注重对数学思想的指导，注重在解题教学中渗透数学思想，这样可以帮助学生掌握不同的数学思想，使学生在解决数学问题是不会那么随意，也不会不知道从何处入手。在数学运算教学中，有意识地、有计划地渗透数学思想方法，可以降低数学运算的盲目性和随意性。在数学教学中，注重数学思想方法的渗透及培养，有利于学生的知识迁移，可以极大地提高学生的学习质量和数学能力。所以教师应在实际的教学过程中切实地将数学思想融入教学的各个环节中去。

基本的数学思想方法是学生运算能力发展的基础，只有正确理解有关的数学概念，切实掌握有关的公式、法则等，掌握数学的基本思想方法，才能明确运算的方向，开拓解题思路，才能使运算得以顺利进行，才能得到正确的结果。在运算能力发展的过程中，形成了运算的基本方法和技能，这个过程是不断运用有关的数学思想方法的结果。数学思想对数学运算能力的发展起着至关重要的作用。例如，运用数形结合的思想方法，可以将很多复杂的代数计算转化为几何问题，使运算难度大大降低，这样可以提升学生的解题速度及准确率，提高学生的数学运算能力。

(6) 注重归纳总结和错误分析

归纳总结是对解题思路、方法、技巧的提炼过程，错误分析可以指导学生发现自己的错误，以此提醒学生避免以后犯同样的错误。教师在教学过程中，切忌只为了讲题而讲题，在详细讲解完题目之后，应该归纳总结解题思路、方法及技巧和解题规律，这样有利于学生此后解答其他同类问题；分析错在什么地方，这样有助于提升学生的数学运算能力。在教学过程中，教师没必要循规蹈矩，正正规规地讲解题目，可以偶尔地故意犯一些学生比较容易犯的错，让学生去发现，如果学生不能发现就引导学生去发现，这样可以避免学生在做题中犯同样的错。

(三) 加强培养学生逐步反思的能力

反思就是学生在解完题之后对整个思考过程、解答过程的回顾及分析。目前，学生在反思这一环节做得较差，很少有学生会在解完题之后进行反思。也很少有教师进行反思性教学，但反思又是教学过程中一个比较重要的环节。反思就是一个深入思考、反复探究、自我调整的过程，也可以达到检验的目的。

二、高中生数据处理能力的教学实践研究

（一）关注学生数据处理能力形成的过程

在信息化的大数据时代，人们需要从大量的数据中找到有价值的数据以便于作出合理、恰当的解释。根据相关的调查发现，虽然高中生的数据处理能力达到了《新课标》的基本要求，但整体数据处理能力却不能令人满意，需要引起数学教师的重视。在教学过程中，教师往往注重学生套用数据处理模式来解决问题，并非在问题中查找数据，而考查的试题也很少关注这一部分内容，久而久之，学生的内心就不重视处理数据的能力。

因此，教师在日常的授课过程中就要重视发展和加强学生数据处理的能力。第一，要培养学生对数字的直观感觉，使他们能够掌握数据处理的相关技巧和方法；第二，在授课中给予他们更多的计划，使其能够从练习中得到锻炼，从内心重视数据处理能力；第三，鼓励学生多使用计算机等现代化手段，并借助分析软件来解决一些问题，以便掌握更多的数据处理方法和手段，从而提升自身的数据处理能力。

（二）培养学生形成良好的数据处理习惯

一个好的习惯能够使人受益终身，尤其是数据处理能力。根据上述调查可知，高中生的数据抽取能力高于整理分析和收集能力，这就表明学生并没有一个良好的数据处理习惯，不能够运用完整、合理的语言对问题进行分析和表述。针对上述问题，教师在教学中要从小处入手，并通过实例来帮助学生养成一个良好的数据处理习惯，从而真正地把握和理解数据处理的方法和技巧。

（三）重视学生个体之间的差异

不同的学生之间存在差异，这是不可否认的事实，如果一味地采取模式化的教学，学生间的差异性会越来越明显。学生的差异性不仅表现在不同的个体之间，还表现在同一个个体在不同的维度所具有数据处理能力的差异。因此，教师在教学中不仅要重视这些差异，还要通过采取针对性的办法来解决学生在学习中遇到的问题。如在高二年级，教师可以加强学生对基础知识（概念、方法）的掌握和理解；在高三年级，教师可以加强学生应

用数据处理能力的做题强度，对他们进行规范训练。对于不同的学生所表现出来的个体差异，教师不妨运用分层教学，通过要求不同的学生完成不同的任务，从而使每个人都能得到充分的训练。在教学过程中，可以借助生活中的实例（如生产中工件质量问题、食品的合格问题）来训练学生数据处理能力，进而开展数据处理能力的实践教学。

（四）注重对数据处理能力的教学反思

在授课过程中，教学的内容较为单一、枯燥，加上学生时刻需要面对海量的数据，就会造成课堂教学效果不甚理想。对此，教师应根据实际情况加入一些趣味化元素来提升学生对数据处理的兴趣，以有效地培养学生的数据意识。当题干给出的材料数据不足时，教师也可以适当地改编一些数据，同时教师还可以引导学生从一些生活渠道（如电视、报纸和网络等）来收集数据。总之，在大数据时代的背景下，数据处理能力是每个人必须具备的一种重要能力，高中阶段恰好是形成这种能力的重要阶段。因此在此阶段中，教师要引导学生形成良好的数据应用意识，养成良好的数据处理习惯，从而能够顺利地解决遇到的实际问题。

参考文献

[1] 黄永辉,计东,于瑶. 数学教学与模式创新研究 [M]. 北京：中国纺织出版社, 2022.

[2] 林朝冰. 高中数学教学探究与实践 [M]. 北京：民主与建设出版社, 2022.

[3] 王慧. 思维方法与数学教学研究第 1 版 [M]. 哈尔滨：哈尔滨工业大学出版社, 2022.

[4] 廖碧娥. 谐趣数学教学的风景线 [M]. 哈尔滨：哈尔滨出版社, 2022.

[5] 李凡,江伟,廖品春. 数学教学设计与案例分析 [M]. 长春：吉林人民出版社, 2022.

[6] 王榆松. 高效课堂中的数学教学与创新研究 [M]. 长春：吉林人民出版社, 2022.

[7] 黄红涛. 数学·教师·教学 [M]. 成都：西南交通大学出版社, 2022.

[8] 卞文. 高中数学逆向教学设计 [M]. 青岛：中国海洋大学出版社, 2022.

[9] 刘燕. 高中数学逻辑推理研究及教学实践 [M]. 海峡出版发行集团；福州：福建教育出版社, 2022.

[10] 吕汉茂. 高中数学教学探析 [M]. 苏州：苏州大学出版社, 2022.

[11] 刘剑锋,邓利民,邱礼明. 问题驱动视野下高中数学主干知识的教学设计与实践研究 [M]. 武汉：华中科技大学出版社, 2022.

[12] 黄永彪. 数学文化融入大学数学教学的实践研究 [M]. 合肥：合肥工业大学出版社, 2022.

[13] 张晓贵. 数学教学设计与实施 [M]. 合肥：中国科学技术大学出版社, 2022.

[14] 杨冬香. 与名师一起进修基于理解的数学教学 [M]. 北京：北京师范大学出版社, 2022.

[15] 杨西龙. 核心素养理念下的数学教学实践 [M]. 沈阳：辽宁大学出版社，2022.

[16] 吴中才，于丹丹. 高中数学教学情境与问题设计必修 [M]. 上海：华东师范大学出版社，2022.

[17] 唐小纯. 数学教学与思维创新的融合应用 [M]. 长春：吉林人民出版社，2021.

[18] 赵坤国，汪美玲，候雅雅. 数学教学理论与解题实践第 1 版 [M]. 汕头：汕头大学出版社，2021.

[19] 汤强. 实践取向的高中数学教学研究 [M]. 成都：西南交通大学出版社，2021.

[20] 王尊甫. 核心素养导向的高中数学教学 [M]. 青岛：中国海洋大学出版社，2021.

[21] 毛锡荣，张长贵. 高中数学教学设计的理论与实践研究 [M]. 安徽师范大学出版社，2021.

[22] 赵翠珍. 数学教学理论与实践研究 [M]. 北京：北京工业大学出版社，2021.

[23] 陈峥嵘，林伟. 基于核心素养的数学教学设计与研究第 1 版 [M]. 沈阳：辽宁大学出版社，2021.

[24] 夏忠. 指向为思维而教的数学教学 [M]. 福州：福建教育出版社，2021.

[25] 姜荣富. 数学教学以知启智 [M]. 上海：上海教育出版社，2021.

[26] 孙丙虎. 高中数学教学育人价值探究 [M]. 长春：吉林大学出版社，2021.

[27] 王金芳. 高中数学教学方法研究与实践 [M]. 长春：吉林人民出版社，2021.

[28] 张伟平. 数学教学中的构造式实践国际视野下的透视课堂 [M]. 北京：光明日报出版社，2021.

[29] 扈希峰. 基于深度学习的高中数学教学设计研究 [M]. 吉林人民出版社，2021.

[30] 张宏伟. 全景式数学教育一样的数学不一样的教学 [M]. 北京：教育科学出版社，2021.

[31] 何静，亓永忠，罗萍. 数学课堂教学模式研究与应用 [M]. 长春：吉林人民出版社，2021.

[32] 陈惠增. 简约化数学教学 [M]. 厦门：厦门大学出版社，2020.

[33] 张定强，张炳意. 数学教学关键问题解析 [M]. 北京：中国科学技术出版社，2020.

[34] 李静. 数学教学论 [M]. 长沙：湖南师范大学出版社，2020.09.

[35] 谭明严，韩丽芳，操明刚. 数学教学与模式创新 [M]. 天津：天津科学技术出版

社，2020.

［36］常发友. 数学建模与高中数学教学［M］. 长春：吉林人民出版社，2020.

［37］唐少雄. 基于学情的本真数学教学［M］. 福州：福建教育出版社，2020.

［38］王跃辉，莫定勇，赵文平. 基于核心素养的高中数学教学设计案例［M］. 北京：现代出版社，2020.